KB136691

좁은 문 앞에서

좁은 문 앞에서

초판 1쇄 펴낸날 2014년 12월 22일

지은이 | 조정제

발행인 | 이종근
편집 | 김은경 디자인 | 안수진
마케팅 | 이종근

펴낸곳 | 하늘아래
주소 | 서울시 종로구 이화장1가길 6 부광빌딩 402호
전화 | 02-374-3531 팩스 | 02-374-3532
전자우편 | haneulbook@naver.com
등록번호 | 제300-2006-23호

ISBN 978-89-89897-93-4 (43190)
Copyright ⓒ 2014, 조정제

값 12,000원

좁은 문 앞에서

조정제 지음

하늘아래

10대들이여 이제는 당당히
자신의 길을 개척하라!

"적성에 맞지도 않는 공부… 정말 하기 싫다."
"하루에 학원만 서너군데… 공부는 왜 하는 걸까?"

우리나라 청소년들은 친구 관계, 이성 문제, 가족 문제 등 매우 다양한 문제들을 겪는다. 특히 그중에서도 진로 문제는 대다수 청소년들이 가장 크게 느끼는 고민일 것이다. 이 문제에는 장래, 적성, 재능 등 수많은 요소들이 복잡하게 얽혀 있다.

예전 학부모들은 자녀가 많은 돈을 벌 수 있는 직업을 갖

기 원했으나 최근에는 잘리지 않고 오래 다닐 수 있는 직장
이 최고라며 안정된 직장을 더 선호하는 추세이다. 꿈을 향
한 날개를 펼쳐보기도 전에 날개가 꺾여 제대로 날지도 못하
고 그저 땅 위를 종종거리며 걷기만 하는 사람들이 대부분이
되었다. 이런 사회적 분위기로 인해 가장 안정적인 직장으로
손꼽히는 공무원의 인기는 식을 줄 모르고 그 경쟁률은 폭주
기관차처럼 멈출 줄 모르고 해마다 증가하고 있다.

꿈을 향해 달릴 때 그것을 가로막는 최고의 방해꾼은 사
실상 주위 사람들이다. 사람들에게 자신의 꿈에 대해 말하면
대부분 "네가 그걸 할 수 있겠어?" 또는 "말도 안 되는 소리
하지 마!"라는 식으로 비아냥거리거나 무시하는 듯한 반응을
보인다. 또 한편에서는 그 꿈에 대한 단점을 늘어놓으며 좋
은 소리보다는 좋지 않은 소리로 걱정 아닌 걱정을 해주기도
하는데, 사실 이런 걱정은 아무런 도움도 되지 않는다.

지지나 격려와는 거리가 이런 부정적인 반응은 학생들이 어렵게 찾아낸 자신의 꿈을 시작도 해보기 전에 산산조각 내는 것이고, 결국에는 또다시 새로운 꿈을 찾아 방황하게 만든다. 학생들은 주변 사람들에 의해 자신이 원하는 꿈의 크기는 애초에 넘을 수 없는 것이었다고 생각하게 되어 시도조차 해보지 않고 체념해버리는 것이다.

나 또한 어린 시절 이러한 소리를 많이 듣고 자라 왔다. 그리고 자연스럽게 머릿속에는 "나는 절대 그런 큰 꿈들을 가질 수 없구나"라는 인식이 자리 잡기 시작하였다. 이로 인해 나는 내가 하고 싶은 일을 깨닫고 그것을 이루기 위해 노력한 것 만큼이나 머릿속에 단단히 자리 잡고 있던 스스로의 한계에 대한 고정관념을 깨기 위한 노력이 필요했다.

앞으로 세계시장은 더 어려워지면 어려워지지 절대 쉬워지지는 않을 것이다. 교육받을 기회가 확대되고 정보의 수집이 쉬워짐에 따라 취업, 창업을 희망하는 사람의 수가 늘고 기본적인 능력에도 큰 차이가 없을 것이기 때문에 경쟁 또한 나날이 극심해질 것이다.

이 책은 대한민국 학생들의 현실적인 고민들과 그에 대한 조언을 담고 있다. 특히 '남들에 의해서', '주변에서 추천해주어서' 등 자신에 대한 확신 없이 아닌 주변의 사람들에게 더 많이 의지하는 학생들을 위해 어떠한 방법으로 자신만의 길을 개척할지에 대해 깊이 있게 설명하였다.

분명한 것은 모든 사람들에게는 아직 스스로 깨닫지 못한 엄청난 능력이 존재한다는 사실이다. 그리고 그 능력은 자신의 엄청난 노력과 식지 않는 열정, 꿈을 향한 구체적이고 적극적인 행동 등이 복합적으로 조화되어야만이 비로소 드러날 수 있다.

남들과는 똑같이 행동하고 똑같은 삶을 살아서는 안 된다. 이제는 진정 자신만이 할 수 있고 자신만이 가능한 나만의 길을 개척해보자.

마지막으로 이 책이 세상 밖으로 나올 수 있도록 해주신 하늘아래 이종근 대표님과 《1인 기업이 갑이다》의 작가 윤석일 대표에게 고맙다는 말을 전하고 싶다. 더불어 내가 힘들거나 방황하였을 때 가장 큰 힘이 되신 나의 부모님 두 분께도 감사의 말을 전하고 싶다.

마지막으로 앞으로 만나게 될 많은 학생들과 이 책을 읽은 독자분들에게 마음 깊은 곳에서부터의 응원을 보낸다.

2014년 12월
조정제

차례 Contents

3장

세상 어떤 문제에도 답은 있다

5장

긍정은 실패를 치유하는 아스피린이다

1장

나는 지금
어떤 무대에
서 있나?

01 나는 누구인가?

세상을 살아가면서 진정한 '나'를 찾기란 쉽지 않은 일이다. 많은 사람들이 자신이 누구인지, 무엇을 좋아하는지, 원하는 게 무엇인지 등을 구체적으로 알지 못한다. 하지만 그럼에도 불구하고 진정한 '나'를 찾아 떠나는 사람들이 있다.

자신이 누구인지 알기 위해 위험한 모험과 모진 경험을 하는 사람도 있고 여행이나 명상으로 내면적 힘을 꺼내 자신이 누구인지를 알려고 노력하는 사람들도 있다.

"왜 학교에 가야 하는지 이유를 잘 모르겠어요."

우리나라 청소년들 중 스스로 누구인지, 무엇을 위해 학교를 가야 하는지, 어떠한 이유로 공부를 해야 하는지에 대한 이유를 정확히 모르는 학생들이 안타깝게도 절반 이상이나 된다. 중학교에서 고등학교로 진학할 때도 자신의 의견보다는 부모님의 의견에 따르는 학생들이 많다.

학생들의 의견이나 생각보다는 학부모의 판단에 의해 모든 결정이 내려지고 있는 것이다. 부모들이 자녀의 인생을 대신 살아 줄 수 있는 것도 아닌데 말이다. 하지만 자녀 또한 처음에는 말을 잘 듣다가 중학교에서 고등학교로 진학하고 고2, 고3이 되면서 부모들과 마찰을 일으키게 된다.

"이제는 정말 과감하게 도전해보고 싶어요."

지금의 10대들은 언젠가부터 '나'라는 존재를 잊고, 단지 공부만이 살길이라고 생각하며 똑같은 교복을 입고 똑같이 책상에 앉아 공부를 하고 있다. 물론 공부를 한다는 것은 이점이 많다. 하지만 자신이 진정 하고 싶은 일은 따로 있는데도 주변에서 '일단은 아무 생각 말고 공부나 해. 학생답게 공부만 해'라는 말을 들으면 자신의 의견은 표출하지 못하고 따르게 된다.

자신이 하고 싶은 적성을 찾았다는 고등학교 2학년 P양. 그녀는 기타에 관심이 많았고 주변에서 또한 기타 연주 실력에 대해 칭찬들이 끊이지 않았다.

하지만 그녀에게는 큰 고민이 있었는데 그 고민은 바로 진로 문제였다. 그녀의 부모는 평범하게 공부하면서 일반 회사에 취업하길 원했고, 특히 음악과 관련해서는 절대 인정하지 않았다고 한다.

이처럼 '나'를 표현하고 진정으로 설득하기란 쉽지 않다. 하지만 자신의 꿈이 즉흥적이지 않고 진정으로 나에게 맞다고 생각하고 그 모습을 보여주면 어떨까?

02

나를 사랑해야
남도 사랑할 수 있다

"나를 사랑하지 않는데 어찌 다른 사람을 사랑할 수 있겠는
가?"

그 누구보다 '나'를 우선으로 사랑해야 한다. 다른 누군가
를 사랑하고 그 사랑을 주기 위해선 먼저 '나'부터 사랑해야
한다.

"나를 사랑한다는 말은 어떤 의미일까?"

자신을 사랑한다는 말은 자신을 소중히 가꾸고 가치 있는
사람이라고 생각한다는 것이다.

우리들 대부분은 어렸을 때부터 자신을 사랑하는 법을 배

우지 못했다. 그동안 알게 모르게 나를 미워하고 원망하고 괴롭히는 연습을 많이 했다. 오히려 우리는 나를 꾸짖는 데에만 몰두했을지도 모른다. 나를 질책하고 나를 반성하는 것이 나를 사랑하는 것이라고 생각하기도 한다. 물론 자신에게 많이 관대해진다면 문제가 있는 것이지만 '나'만의 자존감을 위해 '역시 난 해낼 수 있어', '난 최고야'라는 말을 아끼지 말고 해줘야 한다.

우리들은 어린 시절부터 자신의 좋은 점을 칭찬하기보다는 좋지 않은 점을 질책하는 데 더 익숙해져 있다. 그래서 남보다 자신을 더욱 가혹하게 대하기도 한다.

미국의 저명한 심리치료사 '버지니아 사티어'는 자기 자신을 사랑하는 방법을 고안했다. 우선 형용사를 선택하는 것이다(예를 들면 자신의 감정, 상태, 존재를 표현하는 단어들). 그 후 형용사들 각각이 긍정적인지 부정적인지 플러스와 마이너스 기호로 표시한다. 이제 마이너스로 표시한 형용사를 본다. 그 형용사에서 다른 특정한 형용사나 긍정적인 자질, 성격의 긍정적인 면이 있는지 살펴야 한다.

예를 들면 자신을 '소극적인 사람'이라고 말했을 때 그 말의 의미를 바꾸면 '신중한 사람'이 된다. 마찬가지로 '심술궂다'라는 표현의 긍정적인 면을 찾아보면 '단호함'이 될 수 있다. 바로 우리가 자신에 대해 표현하는 방식을 조금만 바꾸면 이런 차이가 생긴다. 자신의 단점이 표현만 달리하면 장점이 된다는 것을 알 수 있다. 바로 지금까지 부정적이라고 생각한 자신의 성격이 긍정적으로 바뀌는 것이다.

실용적으로 활용할 수 있는 자신을 사랑하는 방법에는 어떠한 것들이 있을까?

행복했던 순간을 떠올려라

자신이 여대껏 살면서 칭찬을 받아본 기억이 있을 것이다. 유치원 시절 부모님께 받았던 감명 깊었던 칭찬, 학교에서 처음 상을 받았던 기억, 자원봉사를 가서 누군가를 도와줬을 때 행복했던 기억 등 분명 자신만이 가지고 있는 행복한 기억들이 있다. 이처럼 자신의 행복했던 순간을 떠올리게 되면 자연스럽게 미소가 지어질 것이다.

행복한 상상을 하자

자신이 되고 싶은 모습, 자신이 원하는 물건 등을 상상하면서 마치 가지고 있는 것 같은 기분을 느껴보자. 생생하게 상상하고 마치 자신이 꿈을 이룬 사람처럼 행동하라는 말을 많이 들어봤을 것이다. 이 방법은 매우 효과적이며 엄청난 힘을 가지고 있다. 이 방법이 의심된다면 지금 당장 눈을 감고 레몬을 생각해보자. 껍질을 까고 안에 있는 레몬을 먹는다고 상상하면 입에 침이 고일 것이다. 자신의 눈앞에 레몬이 있지도 않은데 우리 몸이 반응을 한 것이다. 이처럼 자신의 행복한 모습을 상상하면 몸과 마음이 자연스럽게 자신이 상상한 대로 이끌릴 것이다.

비난을 두려워해서는 안 된다

자신이 옳지 않은 행동을 했을 때 분명 누군가 자신에게 비난을 할 것이다. 인간은 자신을 방어하는 능력이 뛰어나 그 비난을 참지 못해 자신의 잘못은 인정하지 않은 채 상대방에게 오히려 화를 낼 수도 있다. 하지만 이러한 행동은 자신의 가치를 더욱 낮게 만들 것이고, 이 사회에서는 인정받지 못한 사람이 되어 낙오자가 될 수밖에 없다. 누군가가 비난을 하면 그 즉시 인정하고 망설임 없이 '생각해보니 말실수를 한 것 같습니다. 죄송합니다'라는 말을 한다면 더욱 지혜롭고 인정받는 삶을 살 수 있을 것이다.

"네가 할 수 있겠니? 꿈도 꾸지 마라."

이런 이야기는 가족, 친구, 친척 등으로부터 살면서 한 번쯤은 들어보았을 것이다. 생각해보면 전교 꼴등이 전교 1등이 된다거나, 문제아였던 학생이 어느 순간 위대한 사업가가 된다는 말은 상식적으로 말이 되지 않는다. 하지만 모두가 불가능이라고 했던 것을 한 사람이 있다. 바로 '엘론 머스크'이다. 그의 목표는 '인간을 화성에 보내는 것'이었다. 하지만 주위 사람들은 하나같이 '그는 제정신이 아니다', '이상한 사람이다'라고 말했다. 하지만 그는 현재 스페이스 엑스 최고 경영자, 테슬라모터스 대표이사, 솔라시티 회장을 맡고 있으며 그가 가장 중요하게 생각하는 민간 우주선 사업을 추진하고 있다. 현재 그의 최고 목표는 2026년까지 자사 우주선으로 인류를 화성에 데려가는 것이며, 우주여행을 목표로 한 우주선인 드래곤V2도 개발하고 있다.

엘론 머스크가 주위사람들의 말을 의식해서 그에 따라 행동하였더라면 절대로 이러한 결과를 내지 못했을 것이다. 하지만 그는 자신의 생각을 믿었고 결국 세상을 놀라게 했다.

자신을 사랑하는 방법은 헤아릴 수 없을 정도로 많다. 다만 대부분의 사람들이 그 방법을 알지 못하거나, 알아도 실행하지 않기 때문에 스스로를 더욱 아끼지도 사랑하지도 못하는 것이다.

이제는 어느 누구보다 더 '나' 자신을 사랑해야 한다. 진정 자신을 사랑할 줄 아는 사람만이 다른 사람 또한 진정으로 사랑할 수 있다. 10대들이여! 지금부터라도 당장 자신을 더욱 사랑하고, 자신에 대한 자부심을 높여라.

03

성취할 수 있는 목표가
자신감을 키운다

인생을 살면서 목표를 가진다는 것은 굉장히 중요한 일이다. 사람들은 자신이 설정해놓은 목표가 있느냐 없느냐에 따라 인생을 열정적으로 살지, 아니면 하루하루를 의미 없이 살지가 결정된다.

미국의 경영학자이자 현대경영학을 창시한 학자로 평가받고 있는 피터 드러커. 그는 중학교를 졸업한 지 40년 만에 동창회를 찾았다. 그런데 40년 만에 만난 동창들 중 같은 반에서 공부한 상당수가 의사와 변호사 등 비교적 생활이 윤택한 전문 직종에 진출해 안락한 삶을 살고 있었다.

같은 시기 다른 반에서 공부한 동창들보다 눈에 띄게 두드러진 결과였다. 그 원인은 멀지 않은 곳에 있었다. 당시 피터 드러커를 지도한 담임교사가 같은 반 학생들을 대상으로 늘 목표의 중요성을 강조하고 그것을 기록하도록 지도했기 때문이었다.

미국의 예일대학은 1953년, 졸업을 앞둔 4학년 학생들을 대상으로 목표 설정에 대한 질문을 했다. 응답자의 87%는 목표 설정을 아예 하지 않았다고 답했다. 10%는 대략적이나마 목표를 세우려는 노력을 약간 했다고 응답했다. 반면에 행동계획과 목표설정 기준을 직접 종이에 적어가며 생각해 보았다고 답한 사람은 불과 3%에 불과했다.

예일대학은 이들 학생들이 20년 후 어떻게 살고 있는지 면밀하게 추적 조사했다. 결과는 놀라운 것이었다. 목표를 설정한 3%의 학생들이 직업이나 재정상태 등 모든 측면에서 다른 97%의 학생들을 모두 합한 것보다 훨씬 더 놀라운 발전을 이룬 것을 확인한 것이다.

또한 하버드대학교에서는 세 가지 질문을 졸업생들에게 질문했다.

1. 장래에 대한 명확한 목표를 설정했는가?
2. 그렇다면 그 목표를 기록해 두었는가?

3. 그 목표를 달성하기 위한 구체적인 행동계획이 있는가?

이 질문에 대한 세계 최고의 대학교 학생들 답은 충격적이었다. A그룹에서는 명확한 목표가 없다고 한 학생이 무려 84%나 되었고, B그룹에서는 목표는 있지만 그것을 종이에 기록하지 않았다는 학생이 13%였고, 마지막 C그룹에서는 목표를 구체적으로 설정하고 기록해 두었다는 학생이 3%에 불과했다.

예일대와 마찬가지로 하버드의 연구진도 10년 후인 1989년, 이 졸업생들을 추적해 어떻게 살고 있는지 확인해보았다. 결과는 다음과 같이 나타났다. B그룹이 A그룹에 비해 소득이 평균 2배 이상 높았다. 또한 C그룹은 B그룹에 비해 소득이 10배 이상 높았다.

어떤 목수가 집을 지으려 한다고 가정하자. A목수는 아무런 계획 없이 그 즉시 생각나는 대로 집을 지으려 하고 B목수는 어떠한 모형을 만들지 생각하고 재료, 가격, 설계도까지 완벽히 가지고 있다. 과연 당신이라면 어떤 목수에게 집을 만들어 달라고 부탁하겠는가?

당연히 B목수에게 의뢰를 할 것이다. A목수는 가격뿐만 아니라 집을 제대로 지을지도 의심이 된다. 반면 B목수는 모든 계획서를 가지고 있기 때문에 그 사람을 믿을 수밖에 없게 된다.

이처럼 목표를 설정하고 어떤 길을 가야 하는지 아는 사람과 아무런 목적지도 없이 24시간을 안일하게 보내는 사람은 몇 십 년 뒤에 확연한 차이가 나게 된다. 또한 어떠한 목표를 설정하기는 했지만 실행하지 않는 경우도 있다. 자신이 되고 싶은 꿈은 있으나 실패할까봐 두려워서 시작조차 못하는 사람도 비일비재하다.

자신이 되고 싶은 직업은 간호사라고 하는 P양은 현재 고등학생 1학년이다. P양은 부모님에게도 진로에 대해 말씀드렸고, 부모님 또한 자신에게 '네가 하는 일은 다 믿어 줄 테니 해봐라'라는 긍정적인 답변을 얻었다. 하지만 지금 P양은 깊은 고민에 빠져 있다. P양은 '자신이 되고 싶은 꿈은 정해져 있으나 솔직히 될 수 있을지 겁이 난다. 그래서 다시 나의 진로 가치관이 흔들리고 있다'고 말했다.

주변에서 이러한 이야기들은 자주 접할 수 있다. 스스로 되고 싶은 꿈을 시작하기도 전에 겁부터 먹고 도전하지 않는다. 어떤 일이든 자신이 생각한 것에 대해서는 시도라도 해봐야 한다. 항상 '해볼까?', '이건 괜찮은 것 같아!'라고 머릿속으로만 생각하지 않고 직접 몸을 움직여 실행하는 능력을 길러야 한다.

대부분의 사람들은 목표를 너무 무리하게 설정하는 경향이 있다. 물론 이렇게 무리하게 목표를 설정하면 그 이상의 결과를 얻게 되기도 한다. 하지만 이런 일은 드물게 일어나는 현상이다. 목표를 너무 무리하게 잡으면 목표에 도달하기 전에 지쳐버려 하고 싶지 않은 일이 되어버린다.

목표는 쉽고 단순한 것부터 시작해야 하고 조그마한 성과라도 계속 이뤄내야 한다. 예를 들면, 하루에 영어단어 5개씩 외우기, 윗몸 일으키기 10회 등 자신의 성과를 바로바로 볼 수 있는 목표를 설정해야 한다.

비록 미약해 보이는 성과이지만 그 미약한 성과들이 모여 몇십 년 후 자신의 모습을 완벽하게 변화시킨다. 끈기 있게 오래 한다는 것은 많이 힘든 일이다. 하지만 진정 자신의 성공한 모습을 그려보면서 지금부터라도 사소한 목표라도 계획하고 실천한다면 훗날 자신의 멋진 모습에 한 걸음 더 가까이 갈 수 있지 않을까?

04

자존감은 존재의 근거이다

사람이 사회적 존재로 살아가기 위해서는 여러 가지 지혜와 덕목들이 필요하다. 그중에서 가장 중요한 덕목은 자존감이라고 해도 과언이 아니다. 자존감이란 자신을 스스로를 존중하고 높여주는 것이다. 그런데 지금의 청소년들은 좋은 성적을 얻어야 자존감도 느끼고 행복감도 얻을 수 있다고 생각한다.

"언제부터 성적은 자존감과 행복의 연결고리가 되었을까?"

우리는 살면서 '공부는 잘하니?', '반에서 몇 등 해?'라는 말을 수없이 들어왔다. 물론 부모들의 자식에 대한 높은 교육열은 칭찬받아 마땅하다고 생각되지만 이러한 말들이 때로는 자녀들에게 큰 짐으로 느껴지고, 심지어 자존감까지 잃게 만들 수도 있다.

2014년 통계에 따르면 9~24세 청소년 사망원인 1위가 자살로 나타났다. 13~24세 청소년 10명 중 1명(11.2%)은 지난 1년 동안 한 번이라도 자살을 하고 싶다는 생각을해 본 적이 있는 것으로 나타났다. 자살하고 싶었던 주된 이유는 '성적 및 진학문제'가 39.2%로 가장 높았고 가정불화가 16.9%를 기록했다. 20~24세 청소년은 '경제적 어려움'(27.6%)과 '직장문제'(18.7%)를 자살하고 싶은 이유로 꼽았다.

13~24세 청소년의 고민 또한 1위는 '공부'(35.9%), 2위는 '직업'(22.1%), 3위는 '외모·건강'(17.8%)이었다. 연령대별로 보면, 20~24세 청소년은 '직업'(41.4%)을, 13~19세 청소년은 '성적과 적성을 포함한 공부'(50.4%)에 대해 가장 고민하는 것으로 나타났다.

A4용지 한 장에 기록된 자신의 점수에 따라 대우받는 것 또한 달라지고, 어느 대학에 갔는지에 따라 차별을 받게 된다는 것이 견딜 수 없을 정도로 힘든 것이다.

"성적이 아닌 '나'만의 가치로 인정받고 싶어요."

고등학교 3학년인 A양, 수능까지 4개월도 채 남지 않았지만 그녀는 수능 공부를 하지 않는다. 그녀는 이미 공무원이 되겠다는 자신만의 꿈을 정했고 그 꿈을 이루기 위해 노력 중이기 때문이다. A양은 '고등학교 2학년 때부터 공무원이라는 직업을 알게 되었고, 자신의 성격과 적성에 매우 근접하여 준비를 하게 되었다'하고 하면서 '될 때까지 무조건 할 것'이라고 말했다.

성적은 학생일 때 중요하게 작용할 수 있고, 좋은 성적은 분명 장점이 많다. 하지만 성적이 좋다고 해서 모두 최고가 되는 것은 아니며 성적이 좋다고 해서 무조건 성공하는 것 또한 아니다.

가장 중요한 것은 스스로를 존중하고 아끼며 자신을 믿는 것이다. 어느 누구도 아닌 내면의 '나' 자신을 응원하고 항상 동기부여를 해야 한다. 내가 '나'를 믿지 않는다면 어떤 사람이 '나'를 믿어줄 것인가?

그렇다면 '나'만의 자존감을 높이기 위한 방법에는 어떤 것들이 있을까?

실패를 성공으로 가기 위한 과정으로 생각하자

우리는 살면서 성공과 실패를 끊임없이 반복한다. 그리고 성공보다는 실패를 더 많이 한다는 것을 경험하면서 실패에 대한 두려움이 자리 잡게 된다. 하지만 위대한 사업가, 연구원, 박사들은 그 실패를 끝이 아닌 더 나아가기 위한 과정으로 생각한다. 실패를 실패라고 하지 않고 하나의 경험으로 받아들이는 것이다. 이제는 실패를 끝이 아닌, 성공으로 가는 경험이라고 생각해야한다.

긍정적인 사람과 열정이 넘치는 사람을 주위에 두자

하고 싶은 일을 하려고 할 때 어떤 사람이 '네가 될 거 같아?', '너 같은 애들은 세상에 널리고 널렸어'라는 부정적인 말을 한다면 그런 사람을 곁에 둘 필요가 있을까? 그 사람의 말에 현혹되어 '진짜 내가 할 수 있을까?' 하고 생각하면 결국 시도조차 할 수 없어진다. 반면 주위에서 '괜찮아. 너라면 충분히 좋은 선택을 할 수 있을 거야'라는 말을 듣게 된다면 자신도 모르는 사이에 긍정적으로 변할 수 있을 것이다.

모든 일에 감사하자

감사하는 습관은 오래전부터 이어져 내려왔다. 감사한다

는 것은 겸손하고 긍정적인 마음을 내뿜는 것이나 마찬가지다. 이 세상에 태어났다는 것에 감사하고, 하루를 무사히 마무리하는 것에 감사하고, 맛있는 음식을 먹을 수 있어 감사하는 등 하루를 살면서도 감사할 일이 수도 없이 많다. 이처럼 모든 일에 감사하는 마음을 가져야 한다.

남 탓하지 말자

대부분의 사람들은 실수를 하거나 좋지 않은 일이 생겼을 때 자신보다는 상대방 탓을 많이 한다. '나 때문에 일어난 일'이라며 자신을 잘못을 따지기보다는 '상대방 때문에 이러한 일들이 발생하였기 때문에 내가 피해를 보았다'는 식으로 말한다.

상대방을 탓하면 탓할수록 힘들어지는 것은 바로 '나' 자신이다. 자신의 마음만 고생하게 되고 화가 가라앉지 않아 결국 자신에게 해가 될 수밖에 없다. 그러니 상대방을 탓하기보다는 먼저 자신의 행동을 한 번 더 살피고 난 후 이른 시간 내에 실수들을 인정하고 다시는 이러한 실수를 반복하지 않겠다는 생각을 하는 게 더욱 중요하다.

자존감을 높이는 방법은 절대 어렵지 않다. 스스로 용서할 줄 알고 격려와 긍정적인 생각만 가지고 있다면 충분히 자존감을 높일 수 있다. 청소년 때부터 제대로 된 자존감을 가지고 있다면 좋은 기회와 결과들이 올 것이다. 하루하루 불평하는 삶보다는 긍정적인 생각과 스스로의 자존감을 키울 수 있는 삶을 만들어가야 한다. 10대들이여! 자존감을 높여라.

05

괜찮아, 아직 학생이잖아

학생이라는 신분은 스트레스가 가장 심한 신분이다. 원하든 원하지 않든 학교에 다녀야 하고, 성적에 의해서 '나'라는 존재가 증명되기 때문이다. 여기서 '괜찮아, 아직 학생이잖아'라는 말의 의미는 아직 학생이니 그 만큼 기회가 많다는 뜻이다.

"한 살이라도 젊었을 때 무언가에 미쳐보는 경험을 하라."

조한웅의 《낭만적 밥벌이》에서는 "나이 먹기 전에 저질러야 한다. 현실감 없이 나이 든 후에 한다면 로망은 변질되어 노망이 된다"고 했다.

우리나라에서 학생이라는 신분을 가진 아이들은 현실의 벽이 아니라 주변의 충고 때문에 수많은 꿈이 꺾이고 있다.

무언가에 미쳐 주위의 만류에도 불구하고 지금 하고자 하는 일을 하지 않으면 평생을 후회할 것이라는 생각을 가지게 되면 끝까지 밀고 나가는 그런 열정적인 패기도 있어야 한다. 왜냐하면 아직 학생이기 때문이다.

학업과 진로, 부모님의 잔소리에 스트레스 받는 요즘 학생들은 자기 스스로가 지금 무엇을 원하고 무엇을 하고 싶어 하는지 생각조차 할 틈이 없다. 열심히 공부, 또 공부. 공부의 연속이다. 이러한 스트레스 속에서 자신이 원하는 일이 무엇인지 깊게 생각해보고 주변의 사람들과 소통하며 조금만 더 시야를 넓게 바라보고 생각의 폭을 넓힌다면 분명 기회는 찾아온다. 물론 그 기회를 알아보는 일도 어렵지만 최선의 노력을 하게 된다면 자연스럽게 알 수 있다.

기회라는 것은 정해져 있지 않다. 불쑥 찾아오는 경우도 있고 자신이 생각했던 그 타이밍에 찾아오는 경우도 있다. 애기가 세상에 태어나자마자 걷는다면 아마 홀로 일어서는 고통과 아픔을 느낄 수 없을 것이다. 기회를 알아보는 능력은 자신의 방식대로 찾아야 한다. 애기가 걷기 위해 뒤집기를 하며 다리 힘을 키우기 위해 무언가를 잡고 서 있는 노력을 하며 한 걸음씩 걸음마를 하는 것처럼 기회를 찾으려고 노력하지 않으면 기회가 찾아와도 알지 못한다.

물론 실패를 겪을 때도 있을 것이다. 하지만 실패를 해도 다시 돌아갈 곳이 있으며, 실패를 경험으로 해서 다시 다른 진로를 찾을 수 있고 또 다시 실패하지 않기 위해 다른 방안을 찾을 수 있는 충분한 시간들이 존재하고 있다.

어린 나이에 성공과 실패를 모두 경험한 위자드웍스 대표 표철민, 그는 중학교 3학년 때 처음으로 창업을 했다. 그가 처음으로 한 일은 인터넷 도메인 등록 대행 사업이었다. 그 후 최연소 CEO로 주목도 받고 돈도 많이 벌었다. 하지만 풍부한 경험이 부족했던 탓에 길게 끌고 가지는 못했다. 이후 대학교에 진학해 2년 동안 6개의 동아리 활동에 매진했다. 당시 스물두 살이었던 그는 우연히 읽은 신문기사에서 '웹 2.0'을 알게 되었고 이를 사업아이템으로 선택했고 그 선택은 현재 위자드웍스의 출발점이 되었다. 그는 미국 IT 전문지 〈레드 헤링Red Herring〉이 선정한 '아시아 100대 유망 벤처 기업' 파이널리스트에 선정되기도 했다. 네이버와 다음 블로그 사이드 바에 설치된 시계나 날씨, 뉴스 등의 위젯 절반이 위자드웍스의 제품이다.

표철민 대표는 '한 번 망해 본 사람들은 망해도 처음만 아프고, 그렇게 힘들지 않다는 것을 압니다. 한시라도 젊을 때 빨리 넘어져봐야 막 도전할 수 있게 됩니다. 나이를 먹으면 먹을수록 잃을 게 많아지니까 두려워지고 도전하지 않게 되지요. 넘어지다 보면 그 경험이 매트리스가 되어 아픔도 덜 느끼고, 금방 다시 일어설 수 있게 됩니다'라고 말했다.

그는 지금까지 네 번의 사업을 했고 세 번을 실패했다. 하지만 아직 젊으니깐, 포기면 안 된다는 생각을 가졌고 자신의 열정과 혼신의 힘을 다한 결과 네 번째 만에 성공이라는 달콤한 열매의 맛을 볼 수 있게 되었다.

대부분의 학생들은 자신이 하고 싶은 일이 따로 있어도 '학교 공부'라는 것에 억지로 매달려 마치 자신에게 맞지도 않는 약을 먹고 있다.

S양은 ○○대학교만 바라보고 수능준비를 했는데 안타깝게도 예비후보 2번으로 떨어졌다. 그녀는 꼭 그 학교를 가고 싶었고 학과도 자신에게 완전히 맞아떨어졌다. 하지만 상황이 좋지 않자 자신의 성적에 맞는 대학에 진학했다. 그 이유를 물으니 "남들은 스무 살 때 대학교를 시작하지만 1년 재수를 하게 되면 스물한 살에 대학교를 가게 된다. 그런데 주

변에서 보는 시선도 조금 그렇고 또 재수를 하더라도 원하는 그 학교에 들어갈 수 있을지 없을지도 확실히 모르니 차라리 원하는 학교는 아니지만 스무 살 때 학교에 가는 게 낫다고 생각했다"고 했다.

1년 뒤쳐진다고 인생이 실패하는 것도 아닌데 주변의 시선 때문에 이렇게 포기하는 경우가 많다. 한시라도 젊었을 때 자신에게 맞는 것을 찾아 습득하는 것이 중요하다.

자신의 젊음을 만끽하며 하고 싶은 일, 도전하고 싶을 일들에 과감히 도전해야 한다.

젊음은 절대 영원하지 않고 잠시 지나가는 소나기 같은 것이다. 젊을수록 더 많이 도전해야 하고 더 많은 실패에 맞서며 상황대처법을 알아 나가야 한다. 어떤 일이 있어도 절대 쓰러지지 않는 '오뚝이'처럼 세상을 살아가자.

06

비교하는 습관이 불행을 부른다

불행의 시작은 비교에서부터 나온다. '내가 누구보다는 낮 겠지'라는 말이 가장 많이 쓰이는 대표적인 말이다.

초등학교에 입학하자마자 자연스럽게 부모들은 자녀의 성적을 묻게 되고 옆집 누구 아이보다 잘했네, 잘못했네 하면서 비교를 하게 된다. 이런 비교는 중학교, 고등학교, 대학교까지 끝이 없다. 중학생 때는 좋은 고등학교에 갔는지, 고등학생 때에는 어느 대학교에 입학했는지 비교당한다. 대학 졸업 후에는 주변 친구들이 대기업, 공무원 등 좋은 직장에 취업하게 되면 그들과 비교하며 스스로 비참해진다.

"부모님들부터 비교하는 습관을 고쳤으면 좋겠어요."

고등학생 2학년인 J양은 열여덟 살이다. 그녀는 반에서

4~5등을 할 정도로 학업에 충실하고 성실하며 반에서도 인기가 있는 모범생이다. 하지만 그녀는 말 못할 큰 고민을 가지고 있다. 그 고민은 바로 자신의 부모님이 친구의 딸과 비교를 한다는 것이다. 그 아이는 특목고에 다니며 반에서 1등을 놓친 적도 없다고 한다. 그녀의 부모는 계속 비교를 하고 오늘도 그녀는 자신을 위로하며 하루하루 열심히 공부를 하고 있다.

비교를 하면 할수록 자신의 가치와 자존감은 내려갈 수밖에 없다. 모든 비교는 사실 열등감에서부터 시작된다. 열등감이란 '자기 자신이 다른 사람들에 비해 못하다거나 뒤떨어져 있다는 만성적인 의식이나 감정'을 말한다. 남을 자꾸 의식하게 되고, 남보다 잘되어야 하고 남이 나보다 잘되면 견딜 수 없는 모든 열등감은 내가 남보다 더 우월하다는 우월의식, 욕심에 의해 오게 된다.

베이비부머 세대인 1950~1960년대 아이들은 지금 50~60세가 되었으며 앞만 보고 달리고 또 달려 안정적인 가정을 만들기 위해 노력했다. 하지만 그 목표가 어느새 욕심으로 바뀌어 '내 아이들이 먼저 잘되어야 한다'는 이기주의로 변해

버렸다. 비교는 끝이 보이지 않는 무의미한 질주를 하고 있는 것이나 마찬가지이다.

스스로 자신을 불행하다고 생각하는 사람들이 있다. 다른 사람에 비해 자기 자신은 뒤떨어지니 불행하다고 여기는 사람들이다. 인간은 각자 자신만의 길이 있는데 남의 인생을 자신에게 대입해 자신은 불행한 사람이라고 결론지어버리게 된다. 사람들은 비교를 할 때 항상 상대적으로 자신보다 높은 소득 즉, 잘사는 사람들과 비교하게 된다.

한 통계에 따르면 화창하고 맑은 날에 청소년의 자살률이 높다고 한다. 특히 우울증 환자일수록 더 높다고 한다. 다른 사람들은 밖에 나가 즐겁게 놀고 있는데 자신만 집에 있다고 생각하니 우울함이 더해지는 것이다.

비교하는 것도 습관이 될 수 있다. 무의식적으로 '내가 저 사람보다는 모든 면이 낫지. 내가 저 사람보다는 일을 더 잘 하겠다'라는 생각을 가지게 된다. 비교하는 것도 일종의 습관이기 때문에 청소년 시절부터 비교하는 버릇을 잘 잡아야 한다.

그렇다면 비교하지 않는 삶을 살려면 어떻게 해야 할까?

스스로 만족해야 한다

자신이 행복하고 꽤 괜찮은 사람이라는 것을 깨닫고 인정해야 한다. 그렇게 하기 위해서는 먼저 자기 자신에게 조건 없이 애정을 주어야 한다. 어떤 일을 하다 실수를 하게 되었을 때도 '어휴… 내가 원래 뭐 그렇지'라는 생각보다는 '괜찮아. 다음에는 실수하지 않을 거야'라는 생각을 가지고 자신을 다독거리고 사랑해야 한다.

자신에게 기준을 맞춘다

자신이 생각하는 기준이 낮은 기준일지라도 다른 사람의 높은 기준보다는 우선 자신만의 기준에 맞춰야 한다. 우리는 어느 순간 '나'보다는 다른 누군가의 기준에 맞춰 살아가고 있다고 느낄 때가 있다. 내가 할 수 있는 역량은 50% 정도인데 누군가가 자신은 80%를 할 수 있다고 하면 30%를 더 채우려고 노력한다. 하지만 당장 30%가 채워질 수가 없다. 물론 80%를 할 수 있다는 마음가짐을 가져야 한다. 그렇지만 그 마음가짐이 절대 욕심이나 비교 때문이어서는 안 된다.

자신에게 부정적인 말보다는 긍정적인 말을 해준다. 남과 비교한다고 해서 내 인생이 변하지는 않는다. 그러니 항상 긍정적인 생각을 해야 한다. 부유한 사람들을 보면서 비교, 시기, 욕심, 질투를 하는 것보다는 있는 그대로를 받아들여 저 사람은 저렇게 살고 '난 나만의 방식으로 열심히 살아서 좋은 결과를 내야겠다'는 생각을 가지고 살아야 한다.

비교하는 습관을 고치기란 쉽지 않다. 태어나는 순간부터 비교당하면서 자라기 때문에 당장 그 습관을 바꾸기가 쉽지 않은 것이다. 하지만 자신의 마음가짐을 바꾸면 충분히 변할 수 있다.

07

감정 표현에도
기술이 필요하다

"이게 진정한 네 자신을 표현하고 당당하게 말해 봐."

우리는 표현하는 방법이 서투르다. 좋으면 좋다, 싫으면 싫다고 분명하게 말하는 사람은 드물다. 자신의 감정을 상대방에게 전달하는 것이 어려운 일이라고 생각할 수도 있겠지만 막상 어떤 상황이 닥치게 되면 대부분 자신의 감정을 숨기게 된다.

특히 학생 때는 부모들에게 '죄송합니다', '감사합니다', '사랑합니다'라고 표현하는 것이 가장 인색하다고 한다. 마찬가지로 부모들 또한 자녀들에게 '오늘 고생했다.' '학교 생활하는 데 고생이 많지?'라는 말을 쉽게 하지 않는 편이다. 기분 좋지 않은 말들을 들었을 때 그 즉시 바로 말하지 않고 시간이 지난 후에 자신의 감정을 표현하는 것도 괜찮은 방법인데 이마저도 꾹꾹 참아버린다.

이렇게 감정을 숨기고 참다가 불미스러운 일이 생기기도 한다. 또 감정을 제대로 전달하지 못한다면 안타까운 일이 벌어지기도 한다.

그러면 나의 감정을 솔직하게 표현하기 위해서는 어떻게 해야 할까?

입 밖으로 표현하는 감정 방법은 빠르고 확실하게 자신의 기분을 풀 수 있고, 스트레스도 덜 쌓이는 방법이긴 하지만 상대방에게 말하기 힘들다는 단점이 있다. 이런 경우는 상대방에게 최대한 거칠고 공격적인 단어보다는 '~해서 나의 기분이 좋지는 않았지만, 이렇게 말하고 나니 내 기분도 좋아졌다'라는 말을 해야 한다. 그렇다면 상대방의 입장에선 '말하고 있는 사람의 기분이 좋지는 않았지만 지금은 괜찮구나'라고 느끼게 된다.

"감정 표현을 위해서는 어떤 단어를 써야 긍정적인 효과를 얻을 수 있을까?"

긍정적인 감정을 표현하는 단어들을 몇 가지 나열하자면

'기쁜, 고마운, 가뿐한, 따뜻한, 만족스런, 뿌듯한, 사랑스러운' 등이 있다. 부정적인 감정 표현으로는 '역겨운, 가혹한, 공포감, 무심한, 모욕적인, 못마땅한, 분노한' 등이 있다.

　말하지 않고 내면으로 자신의 마음을 스스로 다스리는 방법은 많이 힘들지만 자신의 내면을 다스릴 줄 안다면 어떠한 방법보다 빠르게 나의 마음을 치유할 수 있게 된다. 상대방에게 굳이 말하지 않아도 자신의 마음속으로 '사람이니깐 그럴 수도 있겠지. 나 또한 똑같은 상황이면 더 심했을지도 몰라' 하는 마음으로 화를 내려놓고 긍정적으로 생각하는 것이다. '용서는 상대방을 위해서가 아닌 나를 위해서 하는 것'이라는 말이 있듯 용서를 하는 것이다.

　고등학교 3학년인 P군은 학생회장이며 성적도 좋은 학생이었다. 또한 급우관계도 좋고 활발한 성격으로 주위에 친구가 끊이지 않았다고 한다. 하지만 어느 날 그가 자살시도를 했다는 소문이 퍼지기 시작했다. 성격, 공부, 인간관계, 여자친구뿐만 아니라 자신의 가정 형편도 남부럽지 않을 만큼 좋았던 그는 왜 자살시도라는 극단적인 선택을 할 수밖에 없었을까? 그 이유는 자신의 성격이 원래 소심하다는 데 있었다. 그는 남들 앞에서는 당당하고 부끄럼 없이 이야기하고, 자신의 여자 친구도 당당함에 이끌려 자신을 좋아하게 되었다고 생각했기 때문이다. 하지만 그의 실제 성격을 알고 나면 주변사람, 심지어 여자친구까지 떠날 거라고 생각하니 도저히 길이 보이지 않아 극단적인 선택을 한 것이다.

감정을 표현할 때는 상대방의 기분이 나쁘지 않게 해야 한다. 무조건 상대방의 기분에 맞춰주는 것이 아닌, 자신의 뚜렷한 소신을 가지고 상대방을 대해야 한타. 이런 말이 있다 '세상에서 가장 멍청한 사람은 이 사람 저 사람 비위 맞춰 주는 사람'이라고 할 정도로 자신의 솔직한 감정표현은 중요하다.

물론 지금 10대들의 감정표현은 격하다면 격할 수도 있고 표현을 안 한다고 하면 안 하는 것일 수도 있다. 그렇지만 지금 자신이 얼마나 힘든지, 어떠한 감정인지, 얼마나 더 버틸 수 있는지 부모님 혹은 친구들에게 표현을 해야 한다. 표현하지 않으면 그 누구도 알지 못한다. 도저히 안 되겠다 싶은 일들에 대해서는 반드시 도움을 요청해야 한다.

자신의 뚜렷한 목표와 꿈을 가지고 있다면 반드시 '나'를 표현하라. 그러면 반드시 자신의 꿈에 대해 한 걸음 더 빠르게 전진할 수 있을 것이다.

TIP 나를 발견하는 방법

청소년 비전 연구소 http://blog.daum.net/y-vision
코앤티 http://www.coandt.com
한국 교육 컨설팅연구소
　　http://www.kdisc.co.kr/shop_main/main_body.htm

:: 추천도서 ::

《머뭇거리는 젊음에게》 (김승환 지음, 세종서적, 2012)
《맨땅에 헤딩》 (문근영 지음, 좋은땅, 2014)
《당신의 소중한 꿈을 이루는 보물지도》 (모츠즈키 도시타카 지음,
　　나라원, 2009)
《청소년을 위한 시크릿》 (박은몽 지음, 살림Frends, 2009)

01

누구를 위해 사는 인생인가?

"남들이 나를 어떻게 보는지 신경 쓰여요."

사람들은 다른 사람들의 말이나 행동에 영향을 받고 신경 쓰게 된다. 내가 하고 싶은 일을 하고 싶어도 주변에서 '이건 좀 아닌 것 같아. 결과가 그리 좋지 거야'라는 말을 듣게 되면 혼란에 빠져 그 일을 더 진행하기 어렵게 된다. 설령 그 일이 차후에는 잘 된다고 생각해도 주위에서 부정적인 이야기들이 나오면 그만두기 십상이다.

"언제부터 우리는 남의 시선에 민감하게 반응하기 시작했을까?"

초등학교, 중학교, 고등학교, 대학교를 거쳐 사회인이 되기까지 주변의 시선, 의식, 눈치는 시간이 가면 갈수록 심해진다. 자신이 실제로 원하는 직업, 원하는 학교가 있어도 '남들이 보기에 좋지 않게 생각할까봐', '나를 이상하게 생각하지는 않을까?' 하는 생각을 하게 된다.

전기, 전자에 관심이 많은 중학교 3학년 P군은 실업계 고등학교를 가서 일찍 취업을 해 부모님에게 조금이나마 보탬이 되고 싶다고 한다. 하지만 주변에서는 '인문계를 가는 게 더 낫고 사회시선도 더 좋지 않으냐?'는 말을 자주 듣는다고 한다. 자신의 목표는 전기, 전자로 가서 회사에 취직하는 것인데 주변의 말을 들으니 '나만의 정체성이 없어지는 거 같다'라고 하소연했다.

자신은 대학교에 진학하는 것을 원치 않는데도 부모, 친구, 주변 사람들이 '대학교는 졸업해야지'라는 말에 따라 대학교에 진학해 결국에는 자퇴를 하거나 휴학하는 학생들이 심각할 정도로 많다. 어떻게 보면 중간에 휴학, 자퇴하는 게 나은 선택일 수도 있다. 그런데 대학교를 졸업한 후에도 여전히 주변의 말에 귀 기울이며 눈치보고 행동하는 사람들이 있다.

다른 사람들의 눈치를 보며 살게 되면 나만의 정체성은 쉽게 사라져버리게 된다. 그리곤 '나'를 위해서가 아니라 '누군가'를 위해서 살아가게 된다. 밑바닥에서 시작해 오직 근면과 성실함을 무기로 삶의 모든 영역에서 완벽한 성취를 이룬 인물이 있다. 바로 '최초의 미국인' 벤저민 프랭클린이다. 그는 "우리를 망치는 것은 다른 사람들의 눈입니다. 만약 나를 제외한 다른 사람이 모두 장님이라면 나는 굳이 고래등 같은 집도, 번쩍이는 가구도 원할 필요가 없을 것입니다"라는 말을 남겼다.

"다른 사람의 눈치를 보며 살기엔 우리 인생이 너무 아깝지 않은가?"

영국 웨일즈에서 철강제련소 노동자의 아들로 태어나 외모와 소심한 성격 때문에 친구들로부터 왕따와 괴롭힘에 시달리고, 교통사고와 갑상선 종양 등 거듭되는 불운을 겪으면서도 자신의 꿈인 오페라 가수의 꿈을 이룬 사람이 있다.

그는 유년기 시절부터 또래 친구들에게 외모로 인해 극심한 따돌림, 괴롭힘을 당했다. 힘들 때마다 그는 노래를 불렀지만 친구들은 그가 오페라를 좋아한다는 이유만으로 따돌렸다. 그는 나이가 들어 평범한 휴대폰 판매원으로 일했다. 하지만 그는 주위의 시선에 아랑곳하지 않고 자신의 꿈을 버리지 않았다. 그는 오디션 프로그램인 '브리튼즈 갓 탤런트'에서 자신이 좋아하던 노래를 부르게 되었다. 그 오디션의 심사위원들은 독설가에 까다로운 심사위원으로 유명했으나 그의 노래를 듣자마자 자리에서 일어나 그에게 박수갈채를 보냈다. 동시에 모든 관객들의 함성이 오디션 장을 뒤덮었다. 그가 바로 폴 포츠이다.

폴 포츠는 자신감을 가지고 있었다. 꿈을 이루기 위해 흔들리지 않았고 자신만의 길을 걸어가 결국 성공의 문을 열 수 있었다. 인생을 살아가면서 남의 눈치를 보고 사는 것만큼 불행한 것도 없다. 가장 아까운 시간들을 남을 위해 살아가는 것이다.

〈이코노미스트〉의 한 기사에 따르면 일본에서는 '불량노인 운동'이 요즘 노인들 사이에 유행처럼 번지고 있다고 한다. 불량노인 운동이란 은퇴 후 남들 눈치 보지 않고 자신만의 인생을 즐기는 삶을 말한다.

일본의 라디오 프로그램 진행자 오자와 쇼이치(85)는 불량

노인이다. 그는 방송 중에 대놓고 '몸이 이끄는 대로 살아야 행복하다'고 주장한다. '매일 늦게 일어나서 먹고 싶은 것만 골라서 먹습니다. 하루에 30개비 정도 담배를 피우고 술도 잘 마시지요. 시간과 돈을 나를 위해서 내 마음대로 사용합니다. 왜 다른 사람 눈치 보며 살아야 하나요?' 마음속의 탐욕을 솔직하게 드러내고 살자는 주장인 것이다.

과연 주변의 시선을 의식하거나 눈치를 본다면 이러한 일들이 가능할 수 있을까? 물론 다른 시선으로 본다면 좋지 않은 행동일 수 있지만, 남들의 시선에 신경 쓰지 않고 자신만의 행복을 찾는다는 것은 어찌 보면 당연한 것인지도 모른다.

남의 시선과 주변에 내가 어떻게 보일지 걱정하기보다는 내가 행복할 수 있는 일들을 해야 하는 것이다.

지금 10대들에게는 무궁무진한 꿈이 있지만 그것을 막는 것 중 하나가 바로 주위 시선이라는 것을 알아야 한다. 10대는 남의 눈치 보지 말고 자신만의 길을 떳떳이 밝히고 세상에 거침없이 도전하는 시기이다.

02

모두가 같은 꿈을 꾸지는 않는다

우리나라 사람들의 교육열은 굳이 설명이 필요 없을 정도로 굉장히 강하다는 것을 알 수 있다. 이 교육열이 항상 긍정적인 효과만 발휘하는 것은 아니다. 더 높은 성적, 더 좋은 학교를 향해 달려갈수록 사교육의 늪에서 빠져나올 수 없게 된다. 어쩌면 우리는 사교육, 야간자율학습에 의해 황금 같은 시간을 잃어버리는 것일 수도 있다.

대한민국의 초·중·고등학생 10명 중 7명은 사교육을 받고 있는 것으로 나타났다. 한 통계에 따르면 '2014 청소년 통계'에 따르면, 지난해 초·중·고등학생의 68.8%는 사교육을 받고 있는 것으로 조사됐다. 특히 초등학생의 경우 81.8%가 사교육을 받고 있는 것으로 나타났다. 중학생의 69.5%, 일반계 고등학생의 55.9%가 사교육을 받는다.

이처럼 우리나라 학생들의 사교육에 대한 의존도는 다른 국가들에 비해 상당히 높은 수준이다.

"학원에 가봤자 공부 안 하는데 엄마가 억지로 보내요."

학원에 가도 성적이 늘지 않고 막상 가 봤자 놀기만 하는 15세 중학생 J군. 그는 여느 학생들처럼 놀기도 좋아하고 성격까지 활발하다. 하지만 J군에게는 큰 고민이 있었는데 그의 고민은 부모의 강요로 인해서 수학 과외를 받고 있다고 한다. 하지만 학원을 다닌 지 1년이 지났는데도 수학성적은 늘지 않고 스트레스만 쌓인다고 한다. 부모님에게 "학원에 다니지 않고 내가 해보고 싶은 분야를 배우고 싶다"고 하자 "우선 학교공부가 중요하지, 나머지는 중요하지 않다. 하라는 대로 했으면 좋겠다"라는 답을 듣곤 더는 부모님과 이야기를 하고 싶지 않았다고 한다.

부모의 입장에서는 아무것도 하지 않는 것보다 학원이라도 가는 게 낫다고 생각을 할 수도 있다. 하지만 자녀의 고통에 눈 감은 채 자신의 생각만 강요하게 되면, 자녀는 결국 더 좋지 않은 상황에 빠져들 수밖에 없다.

2013년 전체 사교육비만 해도 약 20조 원에 이르고 있다. 국가적으로도 굉장한 손해이다.

학부모는 더 좋은 수업, 더 높은 수준을 바라고 자녀들이 남들보다 멋지고 당당하게 살기를 원한다. 물론 더 나은 수업을 바라고 먼저 부모에게 좋은 학원을 알아봐달라고 말하는 학생들도 있겠지만, 반대로 감당하기 어려운 짐이 되어버리는 경우도 많다.

야간자율학습에 있어서도 장점과 단점은 극명하게 나타난다. 야간자율학습이란 말 그대로 밤까지 자율적으로 공부를 한다는 것인데 대부분의 학교에서는 반 강제적으로 이루어지고 있는 것이 현실이다.

"야간자율학습 시간이 너무나도 아까워요."

열여덟 살 P군은 자신이 원하는 직업을 확실히 정했다. 그 진로는 컴퓨터 프로그래밍이다. 하지만 그는 자신의 진로에 대한 자기계발은 하지 못한 채 의미 없이 야간자율학습을 하고 있다. 그는 야자를 가고 싶지도 않고, 원하지도 않는데 학교에서는 강제적으로 하라 하고 부모님들도 "야자는 꼭 해야지'라고 말한다. P군은 야간자율학습 시간에 컴퓨터 학원을 다니고 싶고 그쪽 계열로 일하고 싶으나 주위에서는 마치 '네가 가능할 거 같아?'라는 식의 표정과 말투라고 한다.

자신의 명확하고 구체적인 꿈이 있다면 당연히 자신의 미래를 위해 투자해야 한다. 하지만 대부분의 사람들은 '즉흥적이겠지. 잠시 하다가 말 거야'라는 생각을 가지고 있다. 물론 잠시 하다가 바뀔 수도 있다. 하지만 여기서 중요한 것은 시도한다는 데 있다. 해보지도 않고 생각만으로 그치는 사람들이 대부분인 현실에서 이는 매우 귀중한 경험이다.

야간자율학습 시간을 통해 자신의 능력을 계발하는 학생들도 있다. 야간자율학습 시간을 활용해 성적을 올리는 것이다. 그러나 자신의 목표가 다른 곳에 있다면 야간자율학습은 긍정적인 효과를 볼 수 없게 된다.

그렇다면 어떻게 자신의 상황을 긍정적으로 바꿀 수 있을까?

피할 수 없다면 그 상황에서 답을 구해야 한다. 어쩔 수 없이 야간자율학습을 할 수밖에 없는 상황이라면 그 시간을 활용할 수 있는 방법을 찾아야 한다. 그리고 그렇게 시간을 투자한 후 어느 정도의 성과와 능력이 보인다면 담임선생님 혹은 부모님께 보여드려야 한다.

앞으로도 '성적'과 '공부'에 대한 관심은 절대 식지 않을 것이다. 하지만 성적만이 유일하게 성공하는 삶을 보장한다고 단정하는 것은 좋지 않은 생각이다.

학생들에게는 어려운 문제일 수도 있겠지만 반드시 알아야 할 것이 있다. 그것은 바로 '왜 공부를 해야 하는가?'와 '목표는 무엇인가?'를 정확히 파악해야 한다는 것이다. 어떠한 일을 하더라도 주인의식을 가지고 열정적으로 모든 에너지를 그 일에 쏟아부어야만 한다.

03

남들과 다른 성공을
꿈꿀 자유는 있다

지금 이 시대의 청소년들은 많은 것들을 볼 수 있고, 느끼고 경험할 수 있다. 하지만 지금 학생들이 고등학교, 대학교를 거쳐 취업이라는 거대한 문을 통과하기란 쉽지가 않다. 날이 가면 갈수록 취업, 진로선택의 문제는 심각해지고 대부분의 사람들이 돈, 명예보다는 '안정적'인 직업을 선호하게 되었다. 아무리 좋은 직장, 직업이라도 안정적이지 않으면 사라져버리게 되는 게 현실이다.

한 통계에 따르면 남녀를 불문하고 청소년들이 가장 선호하는 직업은 공무원인 것으로 나타났다. 전체 조사대상 청소년의 28.6%가 '국가기관'을 선호직장으로 꼽았으며 이어 대기업(22.1%)과 공기업(15.4%) 순으로 나타났다. 여성의 경우

외국계 기업과 전문직을 좀 더 선호하고 남성의 경우 대기업과 공기업을 좀 더 선호해 미묘한 차이를 보였다.

공무원 선호현상은 15~29세 청년층 취업준비생에 대한 조사에서도 나타나 취업준비생의 31.9%가 일반직 공무원 시험을 준비 중인 것으로 나타났다. 취업준비생 3명 중 1명이 일반직 공무원 시험을 준비하는 것이다.

대학교 4년을 졸업하고 군대 2년까지 갔다 오니 자신의 나이가 스물여섯 살이 되었으나, 연이은 9급 공무원 시험에 낙방하고 어쩔 수 없이 아르바이트를 하고 있는 L씨. 그는 공무원 시험을 어렵게 생각하지 않았고, 노력만 하면 누구나 합격할 수 있을 것이라고 생각했다. 하지만 그의 생각과 달리 3년 가까이 준비했던 공무원 시험을 마감하게 되었다.

자신의 적성에 맞고 근무 스타일이 자신의 스타일과 일치한다면 공무원 시험에 도전하는 것은 권장할 만하다고 생각된다. 하지만 공무원 준비생들 중에는 막상 취직하려고 하니 취업 자리가 보이지 않아 공무원 시험을 준비하는 사람이 대다수이다.

자신이 진정 원하는 것이 무엇인지 진지하게 생각하지 않고 '요즘에 인기가 있으니까. 안정적인 직업이니까' 하는 막연한 생각으로 시작해 결국 6개월도 채우지 못하고 그만둔 사람이 비일비재하다.

"이렇게 되면서 어쩔 수 없이 모두 같은 목표가 되어버린다."

새로운 도전에는 언제나 불안과 두려움이 따른다. 도전하고 싶은 일이 생겼을 때 가장 먼저 떠오르는 게 '실패하면 어떡하지?'라는 생각이다.

한 소년이 여섯 살에 아버지를 잃었다. 그 소년은 일하는 어머니를 모시고 어린 두 동생을 돌보며 집안일을 도맡아야 했다. 열 살에는 농장에서 일을 해야 했고 열두 살에는 어머니가 재혼하면서 함께 고향을 떠났다. 그는 페인트공, 타이어 판매원, 유람선, 주유소 등 닥치는 대로 일하며 중년의 나이를 맞았고 황혼의 나이에 들어서면서 비로소 자기 레스토랑을 갖게 되었다.

그러나 그는 1년이 되지도 않아 모든 것을 잃게 되었는데 그때 그의 나이가 65세였다. 그의 수중에는 사회보장금으로 지급된 105달러가 전부였다. 그러나 그 노인은 낡아빠진 자신의 트럭에 남은 돈을 몽땅 털어서 산 압력솥을 싣고 다시 길을 떠났다. 레스토랑을 운영하며 꾸준히 개발해온 독특한 조리법들을 팔아보기로 한 것이다. 노인은 트럭에서 잠을 자고 주유소 화장실에서 면도를 하며 미국 전역을 구석구석 돌아다녔다. 주변에서는 '다 늙어서 무슨…'이라는 냉랭한 시선들로 바라보았다. 허름한 이 노인에게 로열티를 지급하고 조리법을 사줄 식당주인은 쉽게 나타나지 않았다. 1,008번이나 계속된 거절은 반백의 노인에게 결코 쉽지 않은 도전이었다.

'실패하면 방법을 달리해서 또 도전한다' 그렇게 보낸 시간이 2년. 드디어 처음으로 그의 요리법을 사겠다는 사람이 나타났고, 드디어 KFC 1호점이 탄생했다. 105달러의 사업자금으로 치킨 프랜차이즈 시스템을 시작한 65세의 노인. 그는 바로 켄터키 프라이드치킨을 세운 전설적인 커넬 샌더스이다. 현재 전 세계 약 100여 개국에 15,000여 개의 KFC 매장이 있으며, 어김없이 그 매장들 앞에는 흰 양복을 깨끗이 차려 입은 그가 웃으며 서 있다.

커넬 샌더스에게는 자신만의 확고한 목표가 있었고, 목표를 위해 달렸으며 지금까지도 사랑받는 기업 중 하나가 되었다.

지금부터 20년 후가 된다면 해서 후회할 일보다 하지 않아서 후회할 일이 더 많을 것이다. 따라서 지난 일을 돌이켜 후회하기보다, 10년 후 당신의 삶이 후회 없는 삶이 되도록 기획하는 일에 더 집중해야 한다. 큰물에 휩쓸려 가기보다는 그 사이의 틈새를 파고들어야 한다. 그렇지 않으면 자신만의 색깔을 잃게 되고 결국 똑같이 평범하게 사는 사람이 되고 만다.

자신의 꿈이 명확하고 구체적이라면 무조건 시도해봐야 한다. 설령 실패를 하더라도 그 안에서 수많은 값진 경험과 교훈들을 얻을 수 있을 것이다. 겁먹지 말고 용기를 가져 과감히 도전하는 도전형 인간이 되어라.

04

작은 성공이
큰 성공을 부른다

    우리나라에서 사회적으로 막강한 영향력을 발휘하는 세 가지의 연이 있다. 바로 학연, 지연, 혈연이다. 학연이란 출신 학교에 따라 연결된 인연을 말하는 것이며, 초 · 중 · 고 · 대학교에서 만난 선배들, 친구들 등 학교와 관련된 인물들끼리 연결되어 있다. 지연이란 출신 지역에 따라 연결된 인연으로 쉽게 말하자면 아는 사람과 이어진 끈을 뜻 한다. 마지막으로 혈연이란 같은 핏줄에 의해 연결된 인연을 뜻한다.

    이 세 가지 중에서 가장 많은 영향을 끼치는 것은 바로 학연이다. 또한 학벌까지 더해지면서 우리나라에서는 대학교를 졸업해야만 사람들에게 인정받고 남에게 무시받지 않는 삶을 살 수 있다고 생각하게 되었다. 한마디로 대학을 졸업해야 '사람대접'을 받는다는 인식이 강하다. 대학은 단순히 학력이 아니라 사회적 신분이고, 이것에 따라 직장은 물론 결혼문제까지 좌우되기도 한다. 또 대학 진학으로 신분상승을 꿈꾸기도 한다.

현재 우리나라의 대학교 진학률은 2000년대 중반부터 지금까지 80%를 웃돌고 있다. 대부분의 학생들이 대학교에 가기를 원하고 심지어 '불가피한 선택'이라고 생각하는 사람도 있다.

대학교에 진학하는 것 자체는 어떠한 문제나 논란거리도 없다. 자신이 원하는 꿈을 한 단계 더 발전시키고, 자신에게 긍정적인 영향을 끼치는 목표가 있다면 대학교 진학은 상당히 좋은 선택이다. 하지만 나만의 목표를 정하지 않고 무작정 성적에 맞춰 가는 학생, 단순히 대학교 간판만 보고 진학하는 학생, 부모 혹은 주변 사람이 권해서 가는 학생 등등 목적 없이 대학에 진학하는 학생이 대다수이다.

또한 대학교를 졸업한다고 해도 바로 취직된다는 보장은 전혀 없다. 한 기사에 따르면 대학 졸업 후에도 대부분 1년 동안 백수생활을 한다고 한다. 대학 졸업 후 취업시험 준비 분야는 일반직 공무원이 28.0%로 가장 많았고, 일반 기업체

25.5%, 기능 분야 자격증 및 기타가 21.4%로 뒤를 이었다. 첫 취업까지 소요된 기간은 평균 12개월이며, 1~2년이 소요된 졸업·중퇴생은 11.1%, 2~3년은 5.8%, 3년 이상이 걸리는 경우도 9.3%였다. 미취업자 32%는 직업교육이나 취업시험 준비, 15.4%는 구직활동으로 시간을 보냈지만 육아·가사나 그냥 쉬는 사람도 각각 19.3%, 18.5%를 차지했다.

대학교를 졸업해야만 성공한다 게 보장된 것도 아닌데 여전히 많은 학생들은 대학교 진학을 원한다. 자신의 뜻과 성공할 것이라는 믿음, 구체적인 목표만 있다면 대학교 학력은 절대 중요하지 않다.

1984년 미국에서 한 남자아이가 태어났다 그는 치과의사인 아버지와 정신과의사인 어머니 밑에서 자랐다. 열한 살 때 아버지가 운영하는 치과 사무용 프로그램을 개발하기도 했으며, 고등학교 재학 중에는 음악재생 프로그램 시냅스를 제작해 마이크로소프트와 AOL의 인수 및 고용 제안을 받았지만 제안을 거절하고 2002년 9월 하버드대에 입학했다.

하버드대학교 재학 시절, 평소에 그는 장난기로 가득 차 있었다. 그는 어느 날 친구들과 함께 '페이스 스매시'라는 사이트를 만들었다. 그 사이트는 여학생들의 사진을 올려놓고 누가 더 예쁘고, 매력적인지를 투표하는 사이트였다. 페이스스매시 사이트의 인기는 굉장했고 그것을 잘 활용해 오늘날의 '페이스북'이 탄생하게 되었다. 그가 바로 마크 주커버그이다. 그는 빌게이츠 특강에서 "진정으로 하고 싶은 게 있다면 수업에 빠져도 됩니다"라는 말을 듣고 본격적으로 자신이 원하는 사업에 매진했고 현재 엄청난 인기를 누리고 있다.

하버드대학교는 최고의 대학교임에도 자신의 목표를 위해 과감히 중퇴까지 결심했다. 그는 시사주간 〈타임〉지가 선정한 2010년 올해의 인물로 선정되기도 했다. 이는 1927년 대서양을 횡단한 찰스 린드버그 이래 최연소 인물이었다. 마크 주커버그의 재산은 69억 달러(약 7조 9,000억 원)로 〈포브스〉지의 평가에 따르면 세계 35위이며, 또한 세계 최연소 억만장자가 되었다.

대학교에 입학한 J군, 그는 전혀 생각지도 않았던 학과에 지원했다. 부모님의 권유가 가장 큰 이유였지만 2학년, 3학년이 되어서도 여전히 적응을 하지 못했다. 결국 그는 진짜하고 싶은 일, 좋아하는 일, 잘할 수 있는 일을 종합적으로 판단해 지금은 자신이 하고 싶어 하는 일을 하고 있다. 물론 그 일이 잘 될 수도 있고 원하는 대로 되지 않을 수도 있다. 그러나 도전하는 것 자체를 두려워하기 시작하면 세상에 어느 일 하나 제대로 시도할 수 없다. 그는 "실패에서 교훈을 찾는 것 자체가 가장 보람이 있는 거 같다"고 말하며 여전히 자신의 꿈을 키워가고 있다.

한 번 실패한다고 해도 그것이 끝은 아니다. 또한 천천히 가기 때문에 실패하는 것도 아니고 빨리 간다고 해서 성공하는 것도 아니다. 가장 중요한 것은 자신에게 맞는지 맞지 않는지이다. 대학교에 진학할 때와 하지 않을 때의 '나'를 생각하고 어떤 것이 나에게 더욱 효율적인지, 또한 나의 진정한 꿈이 무엇인지를 다시 한번 더 자신에게 물어봐야 한다. '나'를 가장 잘 아는 사람은 오직 '나' 자신이기 때문이다.

05

독특함과 개성이
가장 큰 무기이다

사람들에게 하늘이 어떤 색이냐고 물어본다면 무슨 색이라고 대답할까? 아마 대부분 '파란색, 혹은 연한 파란색'이라고 대답할 것이다. 그렇다면 어린아이들에게 '하늘은 어떤 색일까요?'라고 물어본다면 무엇이라고 대답할까? 아마 아이들은 '검은색', '빨간색', '노란색', '회색' 등으로 다양하게 대답할 것이다. 그러나 이 아이들조차 나이가 점점 들어가면서부터는 사회에서 정의해준 대로 '하늘은 파란색'이라고 믿게 될 것이다.

사람들은 흐린 날의 하늘색, 어두운 날의 하늘색, 저녁노을의 하늘색이 모두 다름에도 한결같이 하늘을 파란색이라고 대답한다. 이렇듯 대부분의 사람들은 나이가 들어가고 시간이 지남에 따라 주변사람들에 의한 영향력을 크게 받는다.

그 영향력이 좋은 효과를 가져다주든, 나쁜 효과를 가져다주든, 사람들은 서로 영향을 미치며 산다. 초등학생 때 자신의 꿈을 물어보면 ― 지금이야 공무원이라고 대답하는 학생들이 많지만 ― 의사, 판사, 사업가 등 훌륭하고 영향력 있는 직업들이 많다. 하지만 중학교, 고등학교 시절을 거치면서 남들처럼 평범하게만 사는 게 꿈이라고 하는 학생들이 늘어가고 있다.

"제 꿈은 크지도 않고 작지도 않은 남들처럼 평범한 회사원이 되고 싶어요."

남들이 다들 하기 시작한 것은 곧 대중화되고 자신만의 독특함을 보여주지 못한다. 요즘 대기업의 인재 채용에서는 스펙 초월이라는 제도가 생겼다. 이런 제도가 생기게 된 원인은 모두들 약속이라도 한 것처럼 토익, 봉사활동, 인턴, 자격증 등등 스펙이 비슷해서 서류상으로는 인재를 가릴 수가 없어서 스펙 초월 인재 채용 제도가 만들어졌다.

가장 강력한 스펙은 바로 자신만의 스토리이다. 토익, 자격증, 봉사활동, 인턴 등 이러한 것들은 마음만 먹는다면 모두가 취득할 수 있는 것들이다. 하지만 자신만의 스토리는 어느 누군가가 아닌 '나'만이 만들 수 있는 것이기 때문에 스토리는 앞으로 더욱 더 중요성이 부각될 것이다.

생각만 하고 시도는 하지 않는 것만큼 어리석은 행동은 없다. 머리로는 거대한 계획을 가지고 있고 구체적으로 명확한 계획이 있어도 실질적으로 시도 즉, 실행을 하지 않는다면 아무런 변화도 일어나지 않는다. 남들과는 다른 생각을 하고 과감한 행동력을 가져야만 큰 사람이 될 수 있다.

미국에 한 형제가 있었다. 그들은 아주 어릴 때부터 기계에 남다른 재능을 보였고 심지어 독학으로 인쇄기계를 제작할 정도로 소질이 있었다. 그들이 비행기에 관심을 갖게 된 것은 아버지로부터 장난감 헬리콥터를 선물 받으면서부터였다. 장난감 비행기를 갖고 놀면서 그들은 하늘에 대한 꿈을 키웠다.

"하늘을 나는 새처럼 자유롭게 날 수 있다면 얼마나 좋을까?"

74

1899년 형제는 국립정보자료센터인 미스소니언 협회라는 곳에서 각종 정보 및 자료를 제공하고 있다는 것을 알게 되었다. 형제는 곧 편지를 띄웠고, 그리고 그때까지 알려진 비행에 관한 정보와 자료를 요청했다. 자료를 검토한 그들은 중요한 것은 기체 구조나 엔진에 있는 것이 아니라 조종술임을 알게 되었다.

"오빌! 기체가 좌우로 기울었을 때 좌우의 날개 면이 휘는 것에 변화를 주면 떠오르는 힘에 차이가 생기게 돼. 그 기우는 차이를 고칠 수 있는 방법만 찾아내면 되는 거야!"

그리고 그들은 곧 그 방법을 알아내는 데 성공했다.

1900년의 어느 날, 드디어 그들 형제는 글라이더의 비행 실험을 시작했다. 형제가 만든 글라이더는 엔진이나 프로펠러가 장착되어 있지 않았다. 바람을 타고 날기 때문에 마음대로 날 수가 없었던 것이다. 형제는 가벼운 엔진을 만들기 위한 연구를 시작했다. 이 연구는 3년이나 계속되었다. 형제는 온갖 고난을 이겨내고 12마력의 가벼운 엔진을 만드는 데 성공했다. 그들의 비행기에는 하나의 엔진이 두 개의 프로펠러를 돌리도록 설계되었다.

마침내 세계 최초의 비행기를 만든 형제는 시험 비행을 계획했다. 비행 일자는 1903년 12월 17일, 장소는 마을 앞 평

야로 정했다. 그러나 초청장을 받은 사람들의 반응은 냉담했다.

결국 그들 형제의 시험 비행에 참석한 사람은 겨우 다섯 명이었다. 드디어 시험 비행이 시작되었다. 숨을 죽이고 지켜보던 관중들은 일제히 함성을 질렀다. 비행기는 윌버의 신호에 따라 오빌이 조종하고 있었다. 비행기는 지면을 떠나 3미터 높이로 뜨더니 100미터쯤 날아갔다. 그리고는 평원에 가볍게 착륙했다. 그들은 바로 라이트 형제이다.

라이트 형제는 자신들만의 계획과 구체적인 목표가 있었다. 만약 그들이 남들처럼 평범하게 회사를 다녔거나 농사를 지었다면 비행기라는 것이 탄생할 수 있었을까?

대부분의 사람들은 도전을 두려워하고 변화에 대해 인색하다. 남들처럼 평범하게 살기로 마음먹은 그 순간부터 더는 꿈을 꾸지 않게 된다.

스펙 쌓기는 자신의 숨어 있는 천재성을 무참히 짓밟아 버리는 시간 낭비이며 인생 낭비라고 할 수 있다. 아인슈타인이, 에디슨이, 존 스튜어트 밀이, 레오나르도 다빈치가, 윈스턴 처칠이 스펙 쌓기를 위해 청춘을 불사른 것이 아니다. 그들은 자신을 더 나은 사람으로 향상시키기 위해 혁신을 시

도한 것이다. 그것도 이 세상과 정면으로 도전하며 자신만의
길을 갔다.

이제는 독특함이 경쟁력이자 무기가 되었다. 그 독특함과 개
성은 어느 누구에게 배울 수 있는 것이 아니라 자신의 내면에
존재하고 있다는 것을 인지하고 자신이 생각했던 것들을 세상
앞으로 밀고 나가라.

06
평범하게 사는 게
가장 어렵다

'착하기만 하고 남들이 하는 것만 잘하려고 하는 사람은 제일 평범하면서도 남에게 당하고 힘들게 살 확률이 높다'라는 말이 있다. 하지만 자신의 꿈을 제대로 실행해보지도 않고 사회현실을 그대로 받아들이는 것은 안타까운 일이다.

자신의 꿈이 프랜차이즈 사업가라는 J군은 열아홉 살이다. 그는 누구보다 구체적으로 자신의 꿈을 설계했다. 그가 하고 싶은 일은 고기집 프랜차이즈를 운영하는 것이고, 그는 자신의 꿈을 위해 많은 사람들을 만나 조언을 듣고 직접 맛집들도 찾아다니며 미래를 준비해 나갔다. 하지만 시간이 흐를수록 자신의 꿈에 대한 확신이 사라져갔고, '장사가 잘 안 되면 어떡하지. 과연 내가 잘 할 수 있을까?' 하는 생각만 계속

되었다. 그는 주변 사람들에게 '꿈에 대한 이야기를 하면 조언을 얻을 수 있지 않을까?'라는 생각을 하곤 물어 보았지만 '절대 하지 마라'라는 좋지 않은 소리만 들었다. 그는 끝내 자신의 꿈을 접고 평범한 회사원이 되기로 했다.

안타깝게도 많은 사람들이 제대로 시도조차 해보지 못하고 막연한 불안감 때문에 도중에 자신의 꿈을 포기하고 만다. 평범하게 산다는 것의 의미는 상당히 광범위하다. 그 기준을 찾기가 애매하다는 말이다. 누군가가 보기에는 평범하지만 누군가가 보기에는 사치스러울 수도 있고, 가난하게 사는 것처럼 보일 수도 있다.

주위의 부정직인 말에 휘둘리지 않고 오로지 자신감 하나만으로 젊은 나이에 엄청난 부를 이룬 사람이 있다. 그는 바로 엠제이 드마코이다. 그는 어렸을 때 주유소에서 일을 하고 있었다. 그때 람보르기니 한 대가 옆으로 왔다. 엠제이 드마코는 '분명 저 차의 주인은 백발의 노인일 거야'라고 생각했다. 그러나 그의 예상은 완전히 빗나갔다. 젊은 남자가 그 차의 주인이었던 것이다. 그 일의 계기로 그는 백만장자가 된 젊은 부자들을 연구하기 시작했다. 밤낮을 가리지 않고 연구에 매진했다. 빠르게 돈을 버는 방법을 알고 싶었다. 그는 대학교에 입학하면서 '졸업을 하자마자 젊은 부자가 되겠다'는 생각을 가지고 있었는데 현실은 자신이 생각했던 것과는 많이 달랐다. 졸업 후 그는 중국음식점 종업원, 막노동, 피자 배달, 꽃 배달, 배차 관리, 리무진 운전, 신문 배달, 지하철 샌드위치 가게 판매원 등 하지 않은 일이 없을 정도였다. 그의 친구들은 직장에서 잘나가고 있었고 자신의 상황과는 너무도 달랐다. 그는 스물여섯 살 때 우울증이 생겼고, 계절이 지날수록 우울증은 심해져갔다. 그는 문득 '내가 도대체 뭐하고 있는 거야?', '내 인생이 결국 이런 거였어?'라는 생각을 하게 되었고 변화를 결심하게 되었다.

그는 우선 주변 환경을 바꿔보기로 결심했다. 새로운 장소에 정착하기로 결심한 후 단돈 900달러를 가지고 피닉스에 도착했다. 그는 여러 가지 사업 중 웹사이트를 구축하는 일을 시작했다. 리무진 운전기사 일을 하던 당시 한가한 시간을 책 읽는 데 시간을 투자했고 재무나 인터넷 프로그래밍, 부자들의 자서전을 읽고 또 읽었다. 그는 리무진 운전기사 일을 하면서 고객들의 불편사항을 체크했고 어떤 점이 불편한지도 알게 되었다. '만약 내가 시카고에 사는 사람인데 뉴욕에 있는 리무진이 필요하다면 어디 가서 찾아야 할까?'라는 생각을 하게 되었고 그는 즉시 문제를 해결하기 위해 웹사이트를 만들었다. 그는 자신의 웹사이트를 공격적으로 마케팅했고, 프로그래밍에 관한 공부도 멈추지 않았다.

그러던 어느 날 한 회사로부터 웹사이트를 극찬하며 자신의 회사의 웹사이트 디자인을 맡아 달라는 전화를 받았다. 400달러의 사례금을 받고 처음으로 일을 시작했다. 며칠 후 또 다른 회사에서 전화가 와 600달러의 사례금을 받고 웹사이트를 제작해주었다. 그는 꾸준히 자신의 일을 멈추지 않았고 리드광고를 통해 많은 부를 축적하게 되었다. 2000년대가 되자, 이제 막 시작하려는 정보기술업체 몇 군데에서 회사를 팔 생각이 있는지 물어보았고 그는 120만 달러에 회사를 매각했다. 하지만 닷컴 열풍은 잦아들기 시작했고, 자신의 회사를 매입한 사람들은 힘든 상황에 놓이게 되었다. 그 회사의 경영 주체는 이사회였고 결정 과정은 느렸으며, 고객의 의견은 무시되었다. 그는 자신이 만든 회사가 사람들로부터 잊히는 모습이 보기 싫었기 때문에 그는 다시 자신이 만든 회사를 헐값에 매입했다. 엠제이 드마코는 자신의 모든 돈을 다시 자신의 사업에 투자했다. 회사를 넘겨받은 후 18개월 동안 한 차원 높게 업그레이드했고, 고객의 소리에도 귀를 기울였다. 엠제이 드마코가 되찾은 이후 회사는 성장세를 탔고 한 달에 20만 달러의 수익을 창출했다. 그는 서른세 살에 백만장자가 되었고, 어렸을 때 보았던 람보르기니를 직접 운전하게 되었다.

  이런 사람을 보면 '운이 좋아서일 거야'라고 생각하는 사람들이 많다. 그 사람의 과정은 보지 않고 결과만을 보기 때문에 '운'이라는 것으로 단정지어버리게 되는 것이다. 하지만 반드시 알아야 할 것은 과정 없는 결과는 없다는 것이다. 노력하면 운은 자연스럽게 따라오기 마련이다.

젊음의 가장 큰 무기는 다양한 경험의 기회를 가지고 있다는 것이다. 절대 겁먹지 말고 자신이 원하는 일은 무슨 일이 있어도 도전해야 한다. 마음속에 가지고 있는 원대한 꿈들을 생각으로만, 마음속으로만 간직하지 말고 실행에 옮겨 세상을 놀라게 할 꿈을 가지고 있어야 한다.
포기가 빠른 사람은 어떤 일을 해도 금세 쉽게 포기를 해버린다. 평범하다는 것은 현실에 안주한다는 뜻이다. 이는 곧 더 이상 자신에게 발전할 수 있는 기회를 1%도 주지 않겠다는 뜻이다.

07

꿈은 나에 대한
믿음으로부터 시작된다

    남들이 알아주지 않고 좋지 않는 성과를 낼 때도 항상 나는 '나'를 믿어야 한다. 남들이 자신의 성적에 대해 좋지 않는 말을 하거나, 가지고 있는 꿈에 대해 비아냥거리더라도 절대 흔들리지 않는 거대한 나무와 같은 믿음을 가지고 있어야 한다.

    어떤 일을 시작할 때 남에 의해 그 꿈이 포기되는 경우가 많다. 하지만 스스로가 '나'를 믿지 못하는 경우도 많다. 예를 들면 '어떠한 자격증을 두 달 안에 딸 것이다'라고 다짐하였으면서도 시작하기도 전에 불안감에 휩싸인다. '과연 내가 두 달 안에 자격증을 취득할 수 있을까?' 하는 생각으로 두 달이라는 시간은 점점 더 길어져 서너 달이 걸리거나 아예 취득하지도 못하는 상황까지 갈 수도 있다.

남의 부정적인 생각을 듣지 않고 나만의 계획대로 가는 것
도 중요하지만 자신을 믿고 실행하는 것 또한 매우 중요하
다. '나'부터 믿지 않는데 어떻게 원하는 방향으로 갈수 있을
것인가?

만화가 이현세의 책《인생이란 나를 믿고 가는 것이다》에
는 "어떤 일을 미치도록 좋아하는 DNA는 있지만 그 일에 대
한 재능 DNA는 없는 사람에게 정말로 필요한 것은 스스로
를 소중하게 여기는 자기애다"라는 말이 있다. 누구에게나
자기애가 필요하지만 시원하게 뚫린 고속도로 대신 험난한
자갈길, 또는 먼 우회로로 가야하는 사람에게는 더더욱 자기
애가 필요하다. 이는 재능 다음으로 중요한 경쟁력이다. 자
신을 진짜 아끼는 사람은 쉽게 포기하지 않고 스스로의 시간
이 혹시나 낭비되고 있지는 않을까 의심하지도 않는다. 그
모든 시간마저도 인생에 충분한 자양분이 될 것을 믿으며 어
떻게 하면 더 나아질 수 있을지 방법을 계속 찾아간다. 그리
고 스스로를 응원한다. 우울증이 세상에서 제일 무서운 병인
이유는 바로 자기애를 잃게 하기 때문이다. 자기 자신을 사

랑하지 않으면 자신의 삶 역시 하찮은 것으로 생각하고 쉽게 포기해버리기 쉽다. 세상에 자기를 이기는 사람은 없다. 오직 자신을 믿는 사람이 존재할 뿐이다:

자신을 믿고 어떠한 행동을 하기 시작한다면 50% 이상은 그 목표에 근접했다는 뜻이다. 나를 믿어야 어떠한 일이든 자신 있고 추진력 있게 행동할 수 있게 된다.

강연 전문 프로그램인 '강연 100℃'에서 한 여성이 강연을 시작했다. 그녀는 바로 동양인 최초의 미술 총감독이다. 그녀는 대학생 때 서양화를 전공으로 하고 있었는데 어느 날 교수님이 한 마디에 무대 디자인에 관심을 두게 되었다고 한다. 남들이 부러워하는 직장도 그녀의 무대 디자인을 향한 열망은 이길 수 없었다. 안정적인 직업을 포기하고 떠난 유학의 길은 험난하기만 했다. 부모님의 반대는 물론 주변 사람들의 반대가 심했다. 하지만 그녀는 자신이 진정 하고 싶었던 일이니 그 길을 따를 수밖에 없었고, 학비를 벌기 위해 노력했던 시간들도 자신의 목적을 위해 필요했던 시간들이었기에 버틸 수 있었다.

그녀는 미국 유학생활을 본격적으로 시작했고, 하루에

두 시간씩 잠을 자며 공부와 일을 병행했다. 그리고 마침내 USC의 학생 신분으로 LA 올 로케이션 한국 영화 '러브'의 미술 총감독으로 데뷔하게 되었고, 같은 해 '리틀 히어로 2'의 미술을 맡아 할리우드에 입성한 최초의 미술 총감독이 되었다. 그녀는 바로 미술감독 한유정이다. 그녀의 강의 주제는 '나는 나를 믿는다'였고 "동양인에 여자라는 핸디캡까지 더해져 끊임없이 무시하고 의심하는 시선 속에서 제가 살아남을 수 있는 한 가지 방법은 실력으로 일하고 나 자신을 믿는 것뿐이었다"라는 말을 남겼다.

남들이 하지 않고 시도해보지 않았던 일에 대해서는 많은 불안감이 있을 수밖에 없다. 하지만 그녀는 당당히 이뤄냈으며, 누구보다도 자신을 가장 믿고 의지했다.

'꿈은 꾸는 자의 것이고, 기회는 준비된 자의 것이고, 성공은 믿는 자의 것'이라는 말이 있다. 성공하고자 한다면 목표를 가지고 노력을 하고 자신의 미래를 믿어야 한다. 꿈을 크고 더욱 높게 잡으려면 '나' 자신을 더욱 크고 높게 믿어야 한다. 여기에 자신을 사랑하는 마음이 동반된다면 그 시너지 효과는 놀라울 정도로 굉장할 것이다.

'나'부터 제대로 믿지 않고, 사랑하지 않는다면 과연 다른 사람도 믿고 사랑할 수 있을까?

사랑은 받을 때보다 줄 때가 더 아름답다. 그렇다면 우선 나 스스로에게 '나'를 어떻게 대하고 있는지부터 살펴보아야 한다. 상대방에게 화를 잘 낸다거나, 욕을 많이 한다거나, 사람들을 싫어한다면, 그것은 자신에게도 똑같이 하는 행동이라고 볼 수 있다. 행동을 할 때는 하나하나 조심스럽게 행동해야 한다는 것이다.

혹시 내가 목표한 길을 걷고 있다가 잘못된 길로 빠지더라도 나를 믿어야 한다. '나는 반드시 이 상황을 벗어날 수 있다'라는 식으로 말이다. 내가 겪는 고통이나 경험들은 남들이 절대로 대신 해줄 수가 없다.

한 실험에서 자녀가 중간 정도의 성적을 받았을 때 A부모는 "잘했어! 더욱 노력하렴"이나 "고생했다. 훌륭한 아이구나"라고 말했고, B부모는 "항상 엄마와 아빠는 너를 믿는단다"와 "앞으로 잘될 것이라고 믿는다"라고 말했다. 결과는 '잘했어', '훌륭해'라는 말보다 '믿는다'라는 말을 들은 자녀가 다음에 더 좋은 성적을 얻었다고 한다.

　이처럼 '믿음'이라는 단어에는 엄청난 힘이 있다. 자신에게 '난 항상 나를 믿어!'라는 말을 반복적으로 하면 어떠한 힘든 상황이 닥쳐도 꿋꿋이 앞길을 헤쳐 나갈 수 있다.

어떤 꿈을 가지는지, 어떤 방법으로 가는지는 모두 다르기 마련이다. 하지만 그 목표에 도달하기 위해서는 믿음을 가져야한다. 믿음 중에서도 '나'를 믿는 믿음은 성공의 동반자라고할 수 있다. 그러니 어떤 일이 있더라도 반드시 자신을 믿어라.

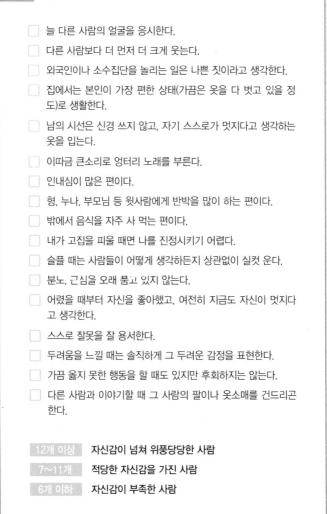

☐ 늘 다른 사람의 얼굴을 응시한다.

☐ 다른 사람보다 더 먼저 더 크게 웃는다.

☐ 외국인이나 소수집단을 놀리는 일은 나쁜 짓이라고 생각한다.

☐ 집에서는 본인이 가장 편한 상태(가끔은 옷을 다 벗고 있을 정
도)로 생활한다.

☐ 남의 시선은 신경 쓰지 않고, 자기 스스로가 멋지다고 생각하는
옷을 입는다.

☐ 이따금 큰소리로 엉터리 노래를 부른다.

☐ 인내심이 많은 편이다.

☐ 형, 누나, 부모님 등 윗사람에게 반박을 많이 하는 편이다.

☐ 밖에서 음식을 자주 사 먹는 편이다.

☐ 내가 고집을 피울 때면 나를 진정시키기 어렵다.

☐ 슬플 때는 사람들이 어떻게 생각하든지 상관없이 실컷 운다.

☐ 분노, 근심을 오래 품고 있지 않는다.

☐ 어렸을 때부터 자신을 좋아했고, 여전히 지금도 자신이 멋지다
고 생각한다.

☐ 스스로 잘못을 잘 용서한다.

☐ 두려움을 느낄 때는 솔직하게 그 두려운 감정을 표현한다.

☐ 가끔 옳지 못한 행동을 할 때도 있지만 후회하지는 않는다.

☐ 다른 사람과 이야기할 때 그 사람의 팔이나 옷소매를 건드리곤
한다.

12개 이상 자신감이 넘쳐 위풍당당한 사람

7~11개 적당한 자신감을 가진 사람

6개 이하 자신감이 부족한 사람

3장

세상 어떤 문제에도 답은 있다

01 정답의 공식은
한 가지가 아니다

성공으로 가는 길은 정해져 있지 않다. 자신이 원하는 목표 즉, 예를 들면 어떤 회사에 취업하고 싶다는 목표가 생기면 그 방법은 딱 한 가지가 아니라 다방면의 가능성이 존재한다.

학부모들은 자식을 특목고에 보내야 한다고 생각한다. 대학교 또한 최고의 대학교에 보내려고 발버둥친다. 자식보다 부모들이 더욱 불안하고 조바심 내는 상황이다. 물론 자녀를 최고의 대학교에 보내는 것은 좋지만 좋은 학교에 들어간다고 해서 무조건 성공하는 것은 아니다.

한 매체의 조사에 의하면 현재 대기업의 경쟁률은 85:1이었는데 인기 있는 대기업은 100:1을 넘고 삼성, 현대 등 최고의 기업들은 보통 200:1, 500:1이다. 하지만 이 경쟁률을 뚫고 최고의 직장에 입사하더라도 3년 혹은 채 5년도 되지 않아 도중에 퇴사하는 사람도 비일비재하다.

한 기사에서는 대졸 신입사원 네 명 중 한 명은 1년 내에 퇴사하는 것으로 조사되었고, 중소기업의 경우에는 대기업보다 퇴사율이 세 배나 높다는 결과가 나왔다. 특히 중소기업 신입직원들이 대기업의 경우보다 1년 내 퇴사율이 훨씬 높은 것으로 조사됐다.

한국경영자총협회는 전국 405개 기업을 대상으로 신입사원 채용실태를 조사한 결과 대졸 신입사원의 1년 내 퇴사율이 25.2%로 집계됐다고 밝혔다. 특히 중소기업의 1년 내 퇴사율은 31.6%로 11.3%인 대기업보다 세 배 정도 높았다. 이는 중소기업의 근무여건이 상대적으로 열악하기 때문인 것으로 분석되었다.

신입사원들의 퇴사 이유는 조직 및 직무적응 실패(47.6%)가 가장 많았고, 급여 및 복리후생 불만(24.2%), 근무지역 및 근무환경에 대한 불만(17.3%) 순으로 조사됐다.

모두가 인정하는 대단한 기업에 들어갔다고 해도 정작 자신이 행복하지 않다면 무슨 소용이 있을까?

레드오션 중에서도 레드오션인 커피시장에서 스타벅스를 이긴 토종 한국의 카페인 카페베네 김선권 대표는 28세에 일본으로 여행을 가게 되었다. 이 여행에서 일본의 발전한 오락실 산업을 보고 국내에 일본회사 게임기를 수입해 청소년 게임장 프랜차이즈 사업을 시작했다. 이 사업은 1997년 첫 매장을 오픈한 이후 철저한 A/S를 바탕으로 3년 사이에 매장 수 400개를 돌파하였다. 2000년에는 삼겹살집을 오픈해 또다시 큰 성공을 거두었다. 2004년에는 감자탕으로 사업 대박의 행진을 이어 나갔고 드디어 2007년에 커피 사업을 결심한다. 카페 이름은 카페베네로 정하고 2008년에 런칭하여 2011년 600호 점을 돌파하는 대성공을 이뤄냈다. 자본금 10억에서 출발해 2010년에는 본사 매출 1,000억 원을 달성하는 기적을 만든 것이다. 그는 잠시도 쉬지 않고 2012년 2월 1일에 뉴욕 시 맨해튼 타임스 스퀘어에도 매장을 설립했다. 사우디, 중국, 미국, 일본 등 해외진출에 박차를 가하고 있으며 끊임없이 노력하고 있는 중이다. 그의 목표는 2020년까지 전 세계에 매장 1만 개를 설립하는 것이다.

남들이 보기에는 이미 과부하가 걸려 있는 시장에 도전하는 것 자체가 무모한 짓이라고 생각 되었다. 하지만 그는 자신만의 성공 전략으로 도전해서 새로운 길을 개척했다.

남들이 만들어 놓은 편안한 길을 선택하는 사람과 수많은 도전과 경험으로 직접 피땀 흘린 사람은 지금 당장은 차이가 나지 않지만 단 몇 년 만에도 엄청난 격차가 생길 수 있다. 길은 절대 정해져 있지 않다. 자신이 그 길을 개척하고 만들어 나가야 한다.

　세상이 정해놓은 답은 없다. 자신이 원하는 목표를 체계적이고 구체적으로 세워 한 우물만 판다는 마음가짐과 '이것이 아니면 난 힘들게 살 것이다'라는 간절함을 가지고 행동해야 한다. 과정 없는 결과는 세상에 없다. 이제는 당신이 새로운 길을 개척할 시간이나.

02

실패도 성공을 위한 경험이다

한 분야에서 최고의 위치에 오르고 성공을 이룬 사람들의 공통점은 실패에 대한 두려움이 없었다는 점이다. 그들은 실패에서 더 큰 지혜를 배웠거나 좋은 경험을 했다고 말한다.

대부분의 사람들은 실패에 대한 두려움이 강하다. 어떠한 일을 시도했을 때 성공한다는 생각 보다는 '실패하면 어떡하지?'라는 생각을 먼저 하게 된다. 실패를 하면 할수록 상황이 악화될 것이라는 두려움 때문에 상황은 돌이킬 수 없을 만큼 악화된다. 하지만 그 실패를 통해 값진 경험을 얻고 성장하는 과정이라고 생각하면 무너지지 않는다.

한 번의 실패는 실패라고 부를 수 없다. 세 번, 네 번의 실패는 자신의 부주의에 의한 실수로 생기는 것이다. 하지만 그런 실패라고 할지라도 값진 경험을 했다고 할 수 있다. 성공이라는 달콤한 열매에 다가가기 위해서는 수많은 실패와

96

고비를 겪어야 한다.

　실패에 굴복하지 않고 자신만의 길을 당당하게 걸어간 사람이 있다. 한 남자 아이가 미국 오하이오 주 밀란에서 태어났다. 그 아이의 집은 굉장히 가난해 어렸을 때 기차에서 사탕과 신문을 파는 일을 잠시 했다. 아이는 학교 정규교육도 제대로 받지 못했지만 기차에 있는 화물칸에 자기만의 연구실을 차려놓고 연구를 시작했다. 하지만 그 화물칸에서 불이 나고, 기차의 관계자들은 그 아이를 내쫓게 된다. 그 당시 모르스 부호를 이용한 유선전신이 이용되던 시대였는데 신문을 팔던 아이는 뉴스가 그 유선전신을 타고 전달되는 것에 흥미를 느껴 전신기사가 되었다. 하지만 하루 종일 뉴스가 오기를 대기해야 하는 생활에 싫증을 느끼게 되고 오히려 자신이 사용하는 유선전신시스템의 구조에 흥미를 느껴 결국 전신기를 만들기 시작했다. 그가 만든 4중전신기는 하나의 전선을 네 명의 전신사가 동시에 사용할 수 있는 신기술이었기 때문에 이를 통해 큰돈을 벌게 되었다.

　전신기 특허로 큰돈을 번 그는 1876년 세계 최초의 민간 연구소로 알려진 멘로파크연구소를 세워 발명을 계속했다. 그는 특히 전구 발명에 대한 관심이 상당히 높았다. 필라멘

트가 될 만한 물질의 표본들을 여러 나라에서 모아 실험을 했고 2,000회가 넘는 실험을 거친 후 마침내 전구를 발명하게 되었다.

그는 절대 포기하지 않았으며, 끝까지 된다는 확고한 믿음과 신념을 가지고 있었다. 주위에서 '해봤자 헛수고'라는 소리를 듣고도 자기 자신만 믿으며 묵묵히 걸어 나갔다. 그 결과 그는 최고의 발명왕이라는 타이틀을 얻게 되었다.

에디슨은 "삶의 실패자들은 그들이 포기했을 때 그들이 성공에 얼마나 가까웠는지 모르는 사람들이다"라는 말을 남겼다.

실패했다고 모든 것들을 놓아버려선 안 된다. 그때부터가 본격적인 시작을 알리는 신호인 것이다. 실패한 사람의 대부분의 공통점은 제대로 계획하지 않고, 자신의 꿈이 명확하지 않았다는 데 있다. 또한 긍정적인 자세보다는 부정적인 자세를 가지고 있었다.

성공으로 가는 지름길이 아닌, 실패로 가는 지름길 말이다.

한 소년이 있었다. 그 소년은 고등학교를 갓 졸업하고 연예인이 되고 싶어 단돈 30만 원을 들고 서울로 향했다. 부모님의 극심한 반대를 뿌리치고 무작정 상경한 것이다. 그는 연예인이 되기 전에 자신의 생계를 꾸려나가야 하기 때문에 홀 서빙, 주방보조, 당구장 등 안 해본 일이 없었다. 또한 연예인이 되기 위해 200번 넘게 오디션을 보았지만 모두 낙방했다. 그러나 포기하지 않고 몇 번의 도전 끝에 당당히 영화배우로 합격하게 되었다. 그 후 여자 같은 곱상한 얼굴로 많은 사랑을 받았고 '왕의 남자'를 통해 완벽한 배우로 변신하게 되었다. 그가 바로 이준기이다.

보통 사람이었다면 50번을 채우지도 못하고 다른 진로를 선택했을 것이다. 자신의 길이 아닌 것 같고, 자신에 대한 확실한 믿음이 없다면 대부분은 도전을 포기해버리고 만다. 하지만 그는 실패의 경험을 통해 점점 더 나아지는 자신의 모습을 보았고 결국 1,000만 관객 흥행을 기록했다.

성공이란 수많은 실패들이 모여 최상의 상태로 바꿔주는 것이다. 한 방 인생이라는 것은 없다. 만약 로또에 당첨되더라도 대부분 파산을 피하지 못한다. 몇 번의 위기를 겪으며 더 나은 결과를 위해 수정에 수정을 거쳐야 비로소 성공할 수 있는 것이다.

지금의 10대들이 가지고 있는 고민은 수없이 많고, 내일 또 어떠한 새로운 고민들이 생길지 모른다. 자신에게 다가오는 고민들을 회피하고, 부정적으로 생각하면 생각할수록 자신만 더욱 괴로워지는 법이다. 앞으로 더 나은 미래를 위해 이 정도 고통쯤은 감수한다는 마음가짐을 가져야 한다.

이제는 거대한 실패의 파도가 오더라도 요동치는 배보다는 꿋꿋이 막고 있는 거대한 방파제가 되어야 한다. 실패를 하면 할수록 더 나아지는 법이다.

03

첫 번째 포기는 어렵지만
두 번째 포기는 쉽다

우리가 사는 세상은 마치 롤러코스터의 평온한 구간, 위험한 구간, 재밌는 구간으로 나눠진 것과 같다. 사람들의 생활 또한 마찬가지로 기분 좋은 날과 기분 나쁜 날, 행복한 날을 몇 번이고 반복히며 실고 있다. 하루만 살아도 우리 인생의 기분을 다 알 수 있을 정도로 사람들은 하루에도 몇 번씩 감정의 기복을 느끼기 마련이다. 그런데 목표가 있는 사람과 목표가 없는 사람의 하루는 하늘과 땅처럼 큰 차이가 있다.

대부분의 사람들은 어떤 일을 처음 시작할 때 엄청난 의욕과 자신감으로 불타오른다. 마치 절대 무너지지 않는 바위 같은 마음으로 일을 진행한다. 하지만 시간이 점차 지나면서 나태해지고, 의욕 또한 사그라들기 시작한다. 일을 진행하면서 끊임없이 나를 의심하고 수많은 유혹을 뿌리치지 못해 자연스럽게 그 일을 멈춰버리고 만다.

일을 멈추지 않고 계속하면 언젠가는 반드시 큰 보상으로 돌아올 텐데 주변 사람들의 유혹과 자신을 믿지 못하는 마음에 포기하고 만다. 이렇게 성공의 반대말은 실패가 아니라 포기라고 할 수 있다.

실패에는 경험이 남는다. 그래서 다음에는 더욱 열심히 도전해야겠다는 생각을 하게 된다. 반면 포기하는 사람은 어떠한 가르침도 경험도 절대 얻을 수 없다. 그래서 세상에서 가장 어리석은 사람은 조금만하고 힘들다고 포기하는 사람이다.

1642년의 크리스마스에 영국의 조그마한 마을에서 한 아이가 태어났다. 그 아이는 태어날 때 몸집도 작고 허약한 미숙아로 태어났다. 그 아이의 허약함은 심각했다. 고개를 들 힘이 없어 목둘레에 받침대를 항상 대고 있어야 할 정도였다. 주변의 친척들이 아이를 보곤 "첫돌을 넘기기는 힘들겠구나"라고 말할 정도였다. 그래도 다행히 아이는 살아남았다. 그러나 아이의 아버지는 이미 아이가 태어나기도 전에 돌아가셨고 그의 어머니는 아이가 세 살이 되던 해에 목사와 재혼해 그의 곁을 떠났다. 아이는 부모님의 사랑을 받지 못하고 외할머니 손에서 자라게 되었다. 그런 이유 때문인지 다른 아이들과 어울리지 못했고 성격은 내성적이었고 마음속에는 세상을 향한 증오가 가득 차 있었다. 그래서 자기 자신만의 세계에 빠져 살게 되었다.

아이가 열두 살 때 약을 파는 가게에서 하숙을 하면서 학교생활을 했는데, 타고난 손재주가 있어 해시계, 물시계, 풍차 등을 만들며 외로움을 달래곤 했다. 그중에서도 물시계의 성능은 대단히 뛰어나서 어른들조차 감탄할 정도로 견고하고 세밀했다. 그는 학교 공부보다는 자기만의 상상 속에서 많은 것들을 고민하고 답을 찾으며 시간을 보냈다. 하지만 학교에서 그를 보는 시선은 좋지 않았다. 학교에서는 그를 '산만하고 게으른 아이'로 취급했다. 그래도 아이는 별 상관없이 자기만의 길을 걸었다. 그러던 중 그의 천재성을 알아본 사람이 있었다. 바로 그의 외삼촌이었다. 그는 자신의 조카가 남다른 아이인 것을 눈치 채고 자신의 모교인 케임브리지 트리니티 대학에 입학할 수 있도록 노력을 해주었다. 그는 1661년 고향을 떠나 케임브리지 대학교로 갔고, 떠나기 전에 자신이 공부했던 학교 창문틀에 펜촉을 다듬는 칼로 '나는 뉴턴'이라고는 두 단어를 새겼다(나중에 이것은 학교의 큰 자랑이 된다). 그는 대학교에서 열심히 공부했고, 잘 이해가 되지 않는 것이나 새로운 아이디어가 떠오르면 노트에 기록했다.

그는 자신이 쓴 노트를 '생각의 샘'이라고 부르면서 자랑스러워했다. 또한 그는 책 읽는 것을 좋아해서 그때 당시 유명했던 과학자들의 책과 논문을 모조리 다 읽었다. 그는 책 읽기를 통해 많은 것을 배울 수 있었다. 자연에 대해 궁금한 것이 생기면 자료들을 수집하고 가설을 세워 바로 실험을 했다. 만약 가설이 잘못되었으면 곧바로 다시 실험을 반복했다. 그는 이러한 일들을 남들이 알지 못하게 혼자서 조용히 진행했다. 그래서 다른 사람들에게 인정을 받지 못했고, 가장 가깝게 지냈던 수학교수 아이작 배로 또한 그의 천재성을 알지 못했다. 그는 항상 독창적이고 새로운 과학 논문 등을 읽으며 한 차원 높은 학문의 세계를 접하게 되었다. 하지만 그의 대학 생활은 늘 빈곤했고, 재혼한 어머니조차도 경제적 지원을 해주지 않았다. 그래서 그는 생활비와 학비를 벌기 위해 항상 일을 해야만 했다. 밤늦게 식당일을 하거나 자신의 동료들이 아침 예배 시간에 늦지 않도록 새벽에 깨워주는 일 등으로 용돈을 벌어 학비에 보태곤 했다.

1665년부터 1666년에는 영국 런던을 중심으로 흑사병이 발병했고, 흑사병으로 인해 대부분의 사람들이 빠져나가 버렸다. 뉴턴 또한 고향으로 갈 수밖에 없었다. 하지만 그는 고향에서 지낸 짧은 기간 동안에 수학의 이항정리와 삼각함수의 탄젠트법, 미적분법을 개발했고, 물리학에서는 만유인력의 법칙을 발견했다. 또한 태양빛은 여러 종류의 색을 가진 광선이라는 사실을 밝혀 광학을 비약적으로 발전시켰다. 1667년 그는 트리니티의 특별연구원이 되었고 1669년 26세라는 젊은 나이로 수학 교수가 되었다. 또한 영국 왕립학회의 회원으로 뽑히기도 했다. 그는 자신의 명성에 자만하지 않고 더욱 연구에 전념했다. 하루 종일 빵 몇 조각과 포도주와 물만 마시며 실험에만 몰두했다. 1687년 인류 자연과학사에서 가장 위대한 책《프린키피아》가 출판되었는데 이 책에는 20년 동안 뉴턴이 연구한 내용들이 모두 담겨 있다. 이 책은 우주법칙을 수학으로 풀이한 위대한 지성의 산물이라 할 수 있으며, 약 200년이 지나 아인슈타인이라는 또 다른 천재가 세상에 나오기 전까지《프린키피아》는 인간이 만든 가장 완벽한 책으로 칭송받았다.

누구에게나 시련과 고통은 찾아오기 마련이다. 하지만 절대 어떠한 일이 있어도 포기하면 안 된다. 그 일을 포기하고 다른 일을 한다고 해도 고통과 시련은 또 찾아오기 마련이다. 그러니 어떠한 일이 있어도 절대 포기하지 말고 나만의 길을 가야 한다.

04 내 안의 감정에 충실하자

인간의 몸을 씻는 것은 비누이고, 마음의 때를 닦아주는 것은 눈물이다. 대부분의 사람들은 자신의 감정을 숨긴 채 살아가고 있다. 기뻐도 제대로 기뻐하지도 않고 슬플 때 또 한 자신의 감정을 숨기며 눈물을 감추고 살아간다.

김하의 《탈무드 잠언집》에는 다음과 같은 속담이 있다.

'천당 한쪽에는 한평생 기도가 뭔지도 모르고 살았지만, 올 줄 알았던 사람들을 위한 자리가 있다'

'기쁨, 슬픔, 노함, 즐거움, 울음을 모르는 사람은 즐거움 도 모른다'

'감정대로 우는 것을 부끄러워하는 사람은 기쁨을 나타낼 때도 진정 기뻐하지 않고 기쁜 척한다'

'맘껏 울고 나면 마음이 맑아진다. 마치 목욕을 하면 기분이 상쾌해지는 것처럼. 신은 인간의 메마른 영혼에 단비를 내리듯이 눈물을 내려주셨다. 속 시원하게 울고 나면, 기다렸던 단비가 내려 대지를 적셔주듯이 우리의 마음에도 새싹이 돋고 신록이 우거진다. 문명이 발달한 현대사회가 기계의 노예가 되어 위기에 이른 것은 눈물을 부끄럽고 무익한 것으로 여겼기 때문이다. 모름지기 인간은 울고 싶을 때 감정대로 울어야 한다. 자기 자신과 이웃들을 위해서도 말이다'

사실 문명이 발달하면서 많은 사람들이 자신의 감정을 잃어버리고 있다. 슬퍼도 안 슬픈 척, 힘들어도 안 힘든 척하며 사는 사람들이 늘고 있다. 또한 아파도 누군가에게 피해가 될까 봐 혹은 걱정 끼칠까 봐 말을 하지 않고 있다가 더는 손 쓸 수 없는 최악의 상황을 맞을 수도 있다.

우리 사회는 인간이 가진 감정들 중에서도 특히 불안, 분노, 우울, 좌절과 같은 감정을 드러내놓고 표현하는 것에 대해 부정적으로 받아들이는 사회이다. 그래서 분노의 감정은 훈육의 대상이 되기도 하고, 우울하거나 불안하다고 하면 의지가 약한 것으로 평가해버린다. 그렇다 보니 자연스럽게 이러한 감정들을 숨기며 살아가고 있다.

청소년들이 "너무 공부하기 힘들어요"라고 말하면 부모들은 "공부가 제일 쉬운 거다. 그리고 너 혼자만 힘든 게 아니라 모든 학생들이 다 힘들다"라고 더욱 거세게 몰아부친다. 이 때문에 자녀들은 자신의 감정을 부모에게 표현하기 힘들어지고 점점 부모와 자식의 관계는 겉돌게 된다.

자신의 감정을 철저히 숨기고 남들 앞에서는 당당하고 밝은 모습을 하는 K군. 그는 고등학교 2학년이다. 그는 자신의 감정을 아무에게도 들키고 싶지 않고 어떠한 문제가 생기게 되면 자신이 피해를 준 것도 아닌데 미안하다고 말한다. 그러곤 집에 와서 그 분노를 가족에게 풀고는 한다. 이 학생은 가면을 세 가지, 네 가지 가지고 있다. 친구와 있을 때는 다정하고 좋은 친구이지만, 가족관계에 있어서는 완전 다른 사람이 되어버린다. 그는 '저의 진짜 감정을 말하게 된다면 친구들이 저를 어떻게 생각할지 부끄럽다'고 말하며 오늘도 자신의 감정을 숨긴 채 학교생활을 하고 있다.

주변 사람과 지인들에게는 잘하면서 자신의 집에서는 부모님, 동생에게 화풀이하는 사람들이 늘고 있다. 최근 한 뉴스 기사에서는 우리나라 사람들이 우울증에 걸렸을 때 기분이나 감정을 표현하지 않고 속으로 삭이다 결국 자살 같은 극단적 선택을 하는 경우가 많은 것으로 나타났다고 한다.

한 인터뷰에서 56살 K씨는 "모든 게 싫어요. 웃음도 안 나오고. 그냥 세상 하직하는 게 최선의 방법인 것 같아요"라고 말하며 너무 괴로워 세상을 떠나야겠다는 생각도 여러 차례 했다고 한다. 김씨는 심한 우울증이었지만 본인도 주변에서도 잘 몰랐는데 평소에 우울한 기분을 겉으로 잘 표현하지 않았기 때문이라고 한다.

삼성서울병원이 최근 하버드의대와 함께 한국과 미국의 우울증 환자 5,300여 명을 대상으로 비교한 연구가 있다. 한국의 우울증 환자들은 감정이나 기분 상태 등을 표현하지 않고 참거나 속으로 삭이다 우울증을 더 키우는 것으로 조사되었다. 이 연구를 진행한 전홍진 교수는 두 나라 환자의 우울증 심각도 수준이 비슷해도 우리나라 환자들이 표현하는 정도가 낮아 우울증이 가볍게 평가되는 것으로 분석되었고, 우울한 기분을 표현하지 않기 때문에 주변에서도 알아채기 힘들고, 치료도 적극적으로 하지 않아 결국 병을 키우고 있다고 한다.

힘들면 힘들다고 말해야 한다. 혼자서 끙끙 앓는 것은 바보 같은 짓이다. 절대 아무도 알아주지 않고 알아채지 못한다. 자신이 정말 힘들다는 것을 진지하게 이야기하고 가족, 친구에게 기분 나쁜 일이거나 힘든 일이 있으면 꼭 표현을 해야 한다. 상대방에게 화를 분출하는 것보다 나 혼자 끙끙 참는 것이 오히려 독이 된다.

10대들의 감정표현은 더욱 힘들 수 있다. 매일 똑같이 반복되는 생활에, 부모님을 실망시켜드리면 안 된다는 책임감, 미래 진로에 대한 불안감 등 자신의 감정을 복잡하게 하는 요인들이 많다. 하지만 이럴수록 의사소통할 수 있는 사람 혹은 기관을 정해 그 즉시 스트레스를 풀려고 노력해야 한다.

10대여! 이제는 자신의 감정에 더욱 솔직해져야 한다.

05

책에는 세상의 모든
성공과 실패가 있다

성공한 사람들의 불변의 법칙은 바로 책을 읽는 습관이다. 그들은 책을 한시도 자신의 옆에 떨어지지 않게 하였으며, 일주일에 꼭 책 한 권 이상을 읽는 습관을 가지고 있다. 우리나라 청소년의 연평균 독서량은 24.3권으로 세계 평균 수준에도 미치지 못한다.

독서의 중요성은 옛날부터 강조되어 왔다. 책은 생각의 깊이를 점점 깊어지게 하고 더 많은 지식을 가질 수 있게 해주며, 더 나은 삶의 길로 안내해주는 가장 좋은 표지판이라고 할 수 있다. 또한 동기부여를 제공해서 꿈에 대해 구체적으로 한 걸음 더 나아갈 수 있는 발판을 만들어 준다.

투자의 신 워렌 버핏은 열여섯 살 때 이미 사업 관련 서적을 수백 권이나 읽은 상태였고, 지금도 끊임없이 독서를 하고 있다. 앉은자리에서 한 권을 읽는 일이 허다한데 하루에 다섯 권에 가까운 책을 읽기도 한다. 또한 워렌 버핏은 읽은 책이나 자료, 보고서 등을 파일로 분류해 자료실에 보관해두기도 한다. 그는 주식, 투자에 관한 책들은 모조리 읽었고 그 분야를 제외한 나머지 책들은 거들떠보지도 않는다고 한다.

워렌 버핏은 "모든 분야의 책을 닥치는 대로 읽을 게 아니라 자신이 해야 할 분야의 책을 읽어야 한다"고 조언했다. 또한 다른 사람보다 다섯 배 이상 집중해서 읽어야 성공할 수 있다고 강조했다. 버핏은 다른 투자자들과 비교했을 때 다섯 배를 더 읽었다고 장담했다.

어느 날 버핏에게 한 사람이 편지를 보냈다. '제 이름은 조시 윗포드입니다. 저는 지식을 구하기보다는 지혜를 구하고자 합니다. 당신을 성공으로 이끈 당신의 선견지명을 존경합니다. 당신이 만나본 적이 없는 사람에게 줄 수 있는 지혜가 있다면, 그것이 무엇일지 궁금합니다'라는 내용이었다. 며칠 후 버핏으로부터 답장이 왔다.

'읽고, 읽고, 또 읽어라. 구하고 찾아라, 그러면 얻을 것이다'

책을 읽는다는 것은 어떠한 일보다 가치 있는 일이다. 이처럼 위대한 인물, 성공한 사람들의 필수적인 선택이 바로 책 읽는 습관이다. 책을 읽으면 나만의 생각과 가치관을 정립해 논리적으로 말할 수 있게 되고 직접 경험하지 못한 것들을 책을 통해 새롭게 배우고 경험할 수 있다.

나폴레옹 또한 독서광으로 알려져 있는데, 그는 전쟁터에서도 책을 읽었다고 한다. 그는 어린 시절부터 책읽기로 유명했다. 나폴레옹의 아버지는 가난한 코르시카 귀족이었지만 나폴레옹만큼은 '브리엔'이라는 귀족학교에 보내기로 결심했다. 나폴레옹이 그곳에서 만난 아이들은 모두 돈 많은 귀족 출신이어서 전부 거만하고 허세가 심했다. 나폴레옹은 귀족 학생들의 놀림과 비아냥거림에 어쩔 수 없이 당하고 있을 수밖에 없었다. 어느 날 나폴레옹은 도저히 참을 수 없어서 아버지에게 다른 학교로 보내달라고 편지를 썼다. 하지만 아버지의 답장은 무심할 정도로 간단했다.

'우리가 가난한 것은 사실이다. 하지만 너는 반드시 그곳에서 공부를 계속해야 한다'

그 후 나폴레옹은 5년 귀족학교에서 학업을 진행하면서 '언젠가는 가난한 아이들을 무시하고 조롱하는 귀족들에게 본때를 보여주겠다'고 생각하게 되었다. 그 후 나폴레옹은 입대를 하는데 그곳에서 여자와 도박에 빠져 허송세월로 인생을 보내는 동료들을 많이 보게 되었다. 하지만 나폴레옹은 자신의 외모로는 다른 사람의 호감을 끌지 못한다는 것을 깨닫고 공부에만 전념하기 시작했다. 도서관이라는 자유롭게 숨 쉴 수 있는 공간에서 그는 전략과 전술 책을 섭렵했다. 나폴레옹의 독서습관은 철저했으며, 자신의 이상 실현에 도움이 되는 책만 보게 되었다. 그는 언젠가는 자신이 총사령관이 되어 있는 미래 모습을 상상하며 방어기지 등을 세심하게 파악했다. 이러한 전략을 구사하려면 수학적인 지식이 필요한데 그는 이러한 지식을 철저히 익혀두고 있었다. 그리고 평소에 그를 지켜보던 상사가 그를 발탁하게 되었다. 첫 번째 임무는 복잡한 계산능력을 요구하는 작업이었으나 기대 이상의 능력을 발휘했다. 이 일을 계기로 나폴레옹은 점차 좋은 기회를 얻게 되었고, 과거에 나폴레옹을 비웃거나 무시했던 사람들도 그의 곁으로 모이기 시작했다. 그에게 작은 키와 가난은 문제가 되지 않았다.

나폴레옹의 전쟁가로서의 재능은 선천적인 것이 아니라 후천적으로 수많은 책을 읽고 배우기를 반복해 만들어진 능력이었다.

누구나 책을 읽으면 좋다는 것은 알고 있다. 하지만 막상 책을 읽으려고 하면 몸이 근질거리거나, 몇 분도 안 돼 책을 덮고 컴퓨터, TV를 보곤 한다.

그렇다면 책 읽는 습관을 들이려면 어떻게 해야 할까?

관심 있는 분야를 먼저 읽어라

책 읽기 습관을 들이려면 우선 관심 있는 분야를 선택해야 한다. 베스트셀러라고 해서 무턱대고 책을 구입하는 것이 아니라, 정말 자신이 관심 있는 분야의 소설, 에세이, 사회, 종교, 자기계발 도서를 골라 읽어야 한다. 물론 베스트셀러를 고르는 것도 나쁘지는 않으나, 독서에 재미를 붙이기 위해서는 자신이 보고 싶었던 분야를 읽는 게 좋다.

하루에 10분만 투자하라

21일의 법칙이라는 것이 있다. 21일 동안 꾸준히 한 가지 행동을 계속하면 자연스럽게 몸에 붙게 된다는 것이다. 21일 이라는 기간은 생각이 대뇌피질에서 뇌간까지 내려가는 데 걸리는 최소한의 시간으로, 생각이 뇌간까지 내려가면 그때 부터는 심장이 시키지 않아도 뛰는 것처럼 의식하지 않아도 습관적으로 행하게 된다고 한다. 하루에 10분을 투자하는 습관은 나중에 거대한 효과를 나타낸다. 더도 말고 덜도 말고 딱 10분만 책 읽는 습관을 가져 보자.

안 보더라도 옆에 두어라

책을 읽지 않더라도 항상 옆에 두는 습관을 가져야 한다. 집안 곳곳 자주 다니는 통로에 책을 두게 되면 호기심에서라도 손이 한 번은 가게 된다. 만약 책이 주변에 전혀 없다면 앞으로 책을 읽을 기회는 사라지게 될 것이다. 사람은 주위 환경에 영향을 받기 때문에 자연스럽게 손이 가게 될 수밖에 없다.

10대에 꾸준히 책을 읽으면 성인이 되었을 때 더욱 더 가치 있고 지혜롭게 살 수 있을 것이다. 모든 정답과 조언들이 책 속에 있다는 것을 명심하고 책 읽는 습관을 만들자.

06

인내력은 휴식에서 나온다

자동차 왕이라고 불리는 자동차 회사 '포드'의 창설자 헨리 포드는 휴식에 대해 "휴식은 게으름도, 멈춤도 아니다. 일만 알고 휴식을 모르는 사람은 브레이크 없는 자동차와 같이 위험하기 짝이 없다. 그러나 쉴 줄만 알고 일할 줄 모르는 사람은 모터 없는 자동차와 마찬가지로 아무 쓸모가 없다"라는 말을 남겼다.

일을 더욱 활기차고, 효율적으로 하기 위해 '휴식'은 필수적이다. 휴식을 잘 활용하면 업무 효율을 몇 배 이상 오르게 할 수 있다. 공부 또한 마찬가지로 적당한 공부 효율을 극적으로 끌어올릴 수 있다.

항상 빨리 마치는 게 익숙하고, 쉬는 것을 보기 싫어하는 것이 우리나라의 일하는 방식이다. 학생들 또한 학교에 다닐 때보다 방학 때 더 바빠지는 것이 당연하게 여겨지고 있다. 한 포털 사이트에서 남녀 대학생 1,524명을 대상으로 '여름 방학 일과'에 대해 설문조사를 실시한 결과, 대학생 두 명 중 한 명은 여름방학 기간 중 공부를 위해 가장 많은 시간을 할 애하는 것으로 나타났다.

"차라리 방학이란 게 없었으면 좋겠어요."

초등학생부터 방학이라는 시간이 무섭게 다가오기 시작한 다. 그때부터 아마 방학은 오직 공부만 하는 시간이라고 생 각하게 될지도 모른다.

학부모의 입장에서는 자녀들이 더 좋은 환경에서 더 좋은 교육을 받기를 원한다. 부모들은 이렇게 해주는 것이 자녀에 게 최선을 다하는 것이라고 생각하고, 무리를 해서라도 자녀 들을 학원에 보내는 것이다.

하지만 자녀들은 부모님의 따뜻한 말 한 마디가 힘이 되 고, 안부를 묻는 것이 더욱 가슴에 와 닿는다고 한다.

휴식을 취하지 않는 것은 마치 다이너마이트를 싣고 달리 는 폭주 기관차와 같다. 그 스트레스가 언제 어디서 폭발할지 그 폭발의 크기가 어느 정도일지 가늠할 수도 없다.

세계 최대의 재산가인 존 D. 록펠러는 99세까지 장수했다. 그 비결은 매일 낮 12시가 되면 사무실에서 한 시간 동안 낮잠을 자는 습관에 있었다고 한다. 낮잠 자는 시간에는 미국 대통령이라 할지라도 그와 통화할 수 없었다. 그 만큼 그는 휴식을 철저히 지키는 사람이었다. 휴식이 쓸 데 없는 시간낭비가 아니라는 것을 알아야 한다. 휴식은 곧 회복이다. 짧은 휴식이 가진 회복시키는 힘은 상상 이상으로 크기 때문에 단 5분 동안이라도 휴식을 취해 피로를 풀어야 한다.

우리나라의 평균 수면시간은 초등학생 8시간~9시간 30분, 중학생 7시간~8시간 30분, 고등학생 5시간 30분~7시간으로 나타났다. 평균 취침시간은 8시간인데 나이가 들수록 복합적인 스트레스와 고민 등으로 인해 수면시간이 줄어들기 시작한다.

우리의 몸안에는 수백만 개의 세포들이 존재한다. 세포들은 매일 파괴되고, 새로운 세포로 바뀐다. 또 몸속에서는 노폐물이 생겨 근육 안에 축적된다. 특히 심한 운동이나 노동을 하게 되면 더욱 많은 노폐물이 축적된다. 이렇게 축적된 노폐물을 제거하고 새로운 세포를 만들어 내기 위해서는 반드시 피로를 풀어줄 수 있는 충분한 휴식이 필요하다.

10대의 시기에는 잠을 조금 잔다고 해서 이러한 현상들을 바로 느낄 수 없을지도 모른다. 하지만 충분한 수면을 취하지 않으면 사고력, 건망증, 심각한 경계심, 신체반응 등 좋지 않은 현상들이 동시다발적으로 발생하게 된다.

영국의 윈스턴 처칠은 전시 내각을 지휘하면서 격무에 시달렸다. 고령임에도 그는 어떻게 자신의 일을 충실하게 완수할 수 있었을까? 그는 밤 10시에도 침실에서 보고서를 읽으며 지시를 내렸고, 전화를 걸어 중요한 의견을 들었다. 그리고 점심 후에는 1시간 정도의 낮잠을 잤고, 저녁 식사 전에 2시간 동안 수면을 취하곤 했다. 그는 짧은 휴식으로 쌓인 피로를 바로바로 풀었던 것이다.

천천히 쉬어 간다고 해도 절대 늦지 않다. 오히려 천천히 가면 많은 상황들을 보게 되어 안목도 넓어지고, 더 많은 생각을 가지게 될 수도 있다. 지금의 10대가 하고 있는 공부는 어떤 직업보다 더 고된 일일지도 모른다.

물론 조급한 마음이 들 수도 있다. 하지만 단순히 남과 비교해서 '남들이 달리니까 나도 달려야지' 하는 마음을 가지게 되면 머지않아 자신만의 페이스를 잃어버릴 수도 있다.

'나'를 가장 잘 아는 사람은 바로 자기 자신이다. 10대들이여! 남들이 뛴다고 해서 절대 불안해하지 말고 자신의 페이스를 유지하며 묵묵히 자신의 길을 걸어가라.

07

모두가 행복해지는
성공이 있다

아무리 좋은 성적을 얻고 좋은 학교를 나온다고 해도 과연 진정 내가 바라는 행복한 삶이 될까?

우리나라의 행복의 기준은 학교 시절부터 서서히 나누어지기 시작한다. 성적이 좋은 학생은 행복의 길로 들어갈 준비가 되어 있고, 성적이 좋지 않는 학생은 자신이 뒤떨어진 사람이라고 생각하게 된다. 그 후 점차 나이가 들수록 행복을 돈과 연결 지으면서 행복의 기준이 돈으로 바뀌어 부자는 행복한 사람이고 가난한 사람은 불행한 사람이 되어버린다.

한창 인터넷에서 유행하던 세계 각국 사람들이 말한 중산층 기준을 보자. 프랑스의 중산층 기준은 외국어를 하나 이상 하고, 자신이 즐기는 스포츠와 다룰 줄 아는 악기 하나 이상, 손님이 집에 방문했을 때 직접 만들어 대접할 수 있는 요리 하나 이상이어야 하며, 약자를 도우며 봉사활동하는 것이 중산층의 기준이라고 했다. 또한 영국의 중산층 기준은 페어 플레이를 하는 것과 자신의 주장과 신념을 지키고 독선적인 행동을 금지해야 하며, 약자를 두둔하고 강자에 대응하고 불의, 불평, 불법에 의연히 대처하는 것이다. 미국 또한 이러한 나라들과 비슷한 점들을 가지고 있다. 하지만 우리 한국만큼은 예외이다. 한국의 중산층 기준은 안타깝게도 모두 다 돈과 연관되어 있다. 첫째로는 부채 없는 아파트를 30평 이상 소유할 것, 둘째는 월급이 500만 원 이상이어야 하고, 셋째는 3,000cc급 중형차를 가지고 있어야 하며, 넷째는 통장 잔고가 1억 원 이상이어야 하고, 마지막으로는 해외여행을 1년에 한 차례 이상은 해야 중산층이라는 소리를 들을 수 있다고 한다.

물론 같은 기준으로 질문한 것인지 조금 조심스러운 부분은 있지만, 우리나라의 경우 유독 돈에 대한 집착이 강한 것이 사실이다. 또한 중산층이 되어도 자신의 행복에 만족하지 못해 더 욕심을 부리는 경우가 허다하다.

행복이라는 것은 국어사전에 '생활에서 충분한 만족과 기쁨을 느끼어 흐뭇함. 또는 그러한 상태'라고 명시되어 있다. 행복은 절대 멀지 않는 곳에 있는데 사람들은 행복은 마치 잡힐 듯 잡히지 않는 상태라고 생각하는 듯하다.

행복의 기준이라는 것은 뚜렷하지 않다. 하지만 그 답을 알 수 있는 것은 바로 '나'이다. 행복의 열쇠는 자신만이 가지고 있으며 자신만이 행복의 기준을 만들 수 있다.

어떤 사람은 자신이 살고 있는 자체, 살아 숨 쉬는 자체에서 행복을 느끼기도 하고, 또 어떤 사람은 부모님이 있고 맛있는 음식과 좋은 옷을 입을 수 있어서 행복하다고 느낄 수도 있다. 이처럼 행복의 기준은 모두 다르지만 자신의 마음먹기에 따라 분명해진다.

최근에 고등학생의 행복 조건 1위는 무엇인가라는 기사가 있었다. 그 기사는 우리나라 고등학생들은 '행복의 조건' 1위를 돈이라고 생각한다는 기사였다. 한국방정환재단과 연세대 사회학과 사회발전연구소의 '2014년 한국 어린이 · 청소년 행복지수 국제 비교연구' 결과에 따르면, 행복의 조건은 초등학생·중학생은 '화목한 가정', 고등학생은 '돈'을 1위로 각각 선택했다. 행복을 위해 가장 필요한 것을 묻는 질문에 초등학생 43.6%와 중학생 23.5%가 '화목한 가정'이라고 답했다. 반면, 고등학생 19.2%는 행복의 조건으로 '돈'이 가장 중요하다고 답했으며, '화목한 가정'이 행복의 조건이라는 응답은 17.5%에 불과했다.

한편, OECD 평균 100을 기준으로 우리나라의 어린이·청소년의 주관적 행복지수는 74.0인 것으로 나타났다. 이로써 6년째 어린이·청소년 행복지수는 OECD 국가 중 최하위를 기록했다.

"친구들 사귈 때도 돈이 있는 친구와 없는 친구로 나뉘고, 놀 때도 확연히 차이가 나요."

이제 갓 중학교를 졸업하고 고등학교에 진학하는 김은지(17) 양은 서로를 보는 평가 기준이 자신을 바라볼 때도 똑같이 평가 기준이라고 말했다. 그녀는 원하는 화장품과 머리 스타일을 바꾸고 싶고 액세서리도 구입하고 싶지만 경제적인 여유가 없어 구입하지 못한다고 했다. 하지만 자신의 친구들 중에서는 대학생들도 구입하기 힘든 '명품 브랜드'를 쓰는 학생도 있고, 자신이 원하는 물건을 부모들이 사준다고 한다. 그때마다 자신은 행복하지 않고 좋은 물건을 쓰는 학생들이 행복한 학생이라고 생각된다고 말했다.

누군가와 비교를 하면 어쩔 수 없이 불행하다는 생각이 드는 것은 어쩌면 당연한 감정일 수도 있다. 지금 시대에는 자신이 원하거나 먹고 싶은 음식을 손쉽게 구할 수 있다. 이러한 시대일수록 자신의 행복의 기준과 가치관을 잘 정립해야 한다.

10대의 하루는 불행하다고 느끼는 사람들이 많을 것이다. 하지만 오늘이 있기에 미래도 있는 것이라고 생각하고 사소한 것에도 감사하는 마음을 가지고 하루하루를 행복하게 만들어 가면 어느 누구보다 행복한 사람이 될 수 있지 않을까?

다음은 단점을 긍정적으로 바꾸는 단어들이다.

이런 식으로 긍정적인 사고를 높이면 스스로 좋은 점을 더 많이 깨달을 수 있다.

부정적 단어	→	긍정적 단어
욱한다.	→	감정표현이 솔직하다.
직설적이다.	→	뒤끝이 없다.
내성적이다.	→	속정이 깊다.
너무 세심하다.	→	꼼꼼하게 일처리를 잘한다.
고민이 많다.	→	신중하다.
무뚝뚝하다.	→	입이 무겁다.
머리가 나쁘다.	→	나쁜 기억을 빨리 잊는다.
말이 많다.	→	생각나는 대로 표현한다.
성적이 좋지 않다.	→	성적을 올릴 수 있는 가능성이 크다.
게으르다.	→	여유로운 생활을 한다.

*출처 (주) 하자교육연구소

4강

큰 꿈이
큰 열정을
만든다

01

열정은 꿈으로 가는
기관차의 엔진이다

　목표와 꿈을 이루기 위해서 가장 필요한 것은 바로 '열정'이다. 열정이 없는 사람은 마치 좋은 자동차를 타면서 사용하는 방법을 모르는 사람과 같다. 좋은 자동차라는 것은 '나' 자신을 뜻 하는 것이다. '나'를 다룰 줄 알게 되면 되고 싶은 꿈을 이룰 수 있다. 하지만 '나'를 모르고 찾으려 노력하지 않는 사람은 자신의 사용법을 모르는 사람이다.

　사람은 '열정을 갖고 있는 사람'과 '열정이 없는 사람' 이렇게 두 종류로 나눠진다. 열정이 있는 사람은 눈동자에서부터 빛이 나기 시작한다. 그 사람의 기부터 열의가 넘치기 시작하며 어떤 일에도 책임감 있게 행동한다. 또한 작은 일에도 감사함을 느끼며 어떤 고통과 고난이 다가와도 열정이라는 끈을 놓지 않는다.

하지만 열정이 없는 사람은 몸에 힘이 없어 보인다. 심지어 주변 사람들의 기운까지 없게 만들어 버린다. 또한 눈에는 지루함이 가득 차 있고, 만사가 태평하며 게으르기까지하다. 조그마한 일이라도 발생하게 되면 쉽고 포기해버리고 슬럼프에서 더 이상 빠져나오지 못하게 된다.

가난한 광부의 아들로 태어나 자신의 이름 하나도 제대로 쓸 줄 모르는 청년이 있었다. 이 청년은 열여덟 살이 될 때까지도 글자를 알지 못했다. 어느 날 그는 글자를 모르는 것이 뼈저리게 안타까웠다. 그 후 그는 아버지와 함께 하루 종일 광산의 고된 일을 하고 돌아와서 밤늦도록 읽기와 쓰기를 독학하기 시작했다. 독학은 그가 생각했던 것보다는 쉽지 않았지만 그는 그만의 기발한 방법을 찾아내게 되었다. '석탄광에서 판 석탄을 해안까지 운반하는 것을 능률적으로 할 수는 없는가?', '우마차로 할 것이 아니라 힘들지 않고도 단 번에 몇 마차에 운반하는 방법은 없을까?' 그는 항상 이런 생각이 머릿속에 맴돌기 시작했다. 하지만 그는 이런 생각만 계속할 뿐 실행하는 데는 전문적인 지식이 전혀 없었다. 그는 포기하지 않았고 피곤한 일상생활과 싸우면서 기관차에 대해 공부했다. 그는 만약 자신이 기관차를 만들지 못할 경우에는 아들에게 계승시켜서라도 끝장을 본다는 결의가 있었고 그래도 끝이 나지 않는다면 손자에게 대대로 물려가며 기어코 발명을 하겠다는 집념을 가지고 있었다.

그의 열정에 하늘이 감동한 것일까? 그는 마침내 기관차를 발명하는 데 성공했다. 1810년 7월, 그는 30톤을 싣고서 한 시간에 4마일을 갈 수 있는 화차 8대를 제작했다. 그가 바로 스티븐슨이다. 사람들이 스티븐슨의 열정에 감동해 돈을 대주면서 발명하라는 사람까지 나오기 시작했고 600명의 귀빈들이 지켜보는 가운데 그의 기관차는 석탄을 싣고 12마일을 3시간 동안 주행했다.

그는 ABC도 모르는 무식한 청년이었지만 그가 가지고 있는 열정은 아무도 막지 못했고 14년의 오랜 시간 끝에 기관차를 발명해냈다. 열정이 없다면 과연 이러한 거대 발명품이 탄생하였을까?

"열정이 생기지가 않아요."

사실상 열정을 내 몸 안에서 불러일으키기 위해선 어느 정도의 목표가 필요하다. 아무런 계획과 목표도 없이 열정만 가지고 어떠한 일을 시작한다면 시작하지 않는 것만 못한 것이 된다. 마치 우거진 정글에서 지도를 주지 않고 탈출하라는 것과 마찬가지이다. 구체적이지 않더라도 자신의 꿈, 목표가 있다면 열정을 끌어올리는 것은 쉽게 진행된다.

젊은이들의 열정을 능가할 정도로 자신의 일을 사랑하고 즐기던 사람이 있다. 바로 반기문 UN 사무총장이다. 그는 우선 메모하는 습관이 몸에 배어 있어 항상 개인수첩을 휴대하고 다닌다. 개인수첩에는 하루 일정은 물론이고 몇 개월의 개인 스케줄이 모두 메모가 되어 있다. 2007년 9월 유엔총회 때 그는 하루에 28건의 일정을 모두 소화했다. 대통령이나 총리, 국가 원수급이 인사들을 만날 때는 20분 정도의 시간을 보냈고 그 외에는 5분 길면 10분 정도의 시간을 만들어 사람들을 만났다. 반기문 사무총장은 정해진 시간표대로 그 시간에 맞춰 행동했고 매일 분 단위로 시간 관리를 했다. 그는 외교관 생활을 거치면서 몸에 자연스럽게 배인 습관이 고스란히 남아 있었다. 외교부장관 시절 또한 하루에 18건의 일정을 소화할 정도였으니 말이다. 2007년 1월 그가 유엔사무총장에 취임한 후 1년이라는 시간 동안 58개국 120여 개의 도시를 방문했다. 전쟁지역인 아프가니스탄, 이라크, 레

바논과 생태계 파괴, 지구 온난화의 심각성을 전 세계에 알리기 위해 아마존 밀림지역, 안데스 산맥 또한 방문했다. 그는 갈 수 있는 어느 곳이면 물불 가리지 않고 방문했다. 유엔 사무총장으로 임직하고 있으면서 하루 평균 4시간 30분을 자고 어떤 날에는 3시간 30분만 수면을 취한다.

반기문 UN 사무총장이 단순히 일을 해야 된다는 압박감만 있었더라면 현재의 사무총장이 될 수 있었을까? 오직 자신의 열정이 현재의 그를 만들었다고 할 수 있다.

10대들에게 중요한 것은 헤아릴 수 없을 만큼 많이 있다. 하지만 '열정' 하나만큼은 누구보다 강해야 한다. 공부를 아무리 잘한다고 해도 열정이 없다면 곧 멈추게 된다. 열정이란 자동차를 움직이게 하는 기름 같은 존재라고 할 수 있다.

자신의 열정을 진정 끌어 올릴 수 있다면 자신이 되고 싶어 하는 것은 기필코 될 것이다. 그 열정을 가장 쉽게 끌어올릴 수 있는 방법들 중 가장 효과적인 방법은 바로 절실함이다. 누가 먼저 빠르게 성공 혹은 원하는 위치에 가기를 원하는지, 그 절실함에 따라 그 승패가 갈리게 되는 것이다.

자신의 한계를 참으면서 끊임없이 노력하는 힘이야말로 열정을 끌어올릴 수 있는 유일한 무기이다. 10대들이여! 이제는 열정으로 자신의 마음을 무장하고 어떠한 일이 있더라도 멈추지 않고 '반드시 해내겠다'라는 생각으로 행동하라. 열정이 없는 사람에게는 절대로 자신이 원하는 것을 얻지 못한다는 것을 명심해야 한다.

02

지금 당장 실행하라

실행의 중요성은 아마 귀에 딱지가 앉을 만큼 많이 들었을 것이다. 하지만 그 만큼 실천에 옮기기 힘든 것이 '실행'이라고 해도 과언이 아니다.

실행의 중요성은 알고 있지만 대부분 제대로 이행하지 못한다. '컴퓨터 잠깐만 하고 바로 공부 해야지', '딱 10분만 TV 보고 영어 단어 외워야지' 하는 습관들이 실행을 방해하게 된다. 이러한 좋지 못한 습관들이 일상생활에서부터 서서히 우리 몸에 배게 된다.

이러한 사소한 것 하나가 결국에는 좋지 않은 결과 즉, 점수가 맘에 들지 않거나, 공부를 조금만 더 할 걸 하는 후회를 남기게 만든다. 학생뿐만 아니라 20대, 30대, 40대까지 실행에 대한 습관이 전혀 안되어 있어 후회만 하는 삶을 사는 사람도 수두룩하다.

일본의 한 학자는 '사람은 언제나 자기 자신이 마음먹은 대로 카멜레온처럼 10가지든 100가지든 다양한 분야에서 업적을 남길 수 있다'고 했다. 예를 들면 자신이 아무리 힘이 약하고 몸이 부실하다 해도 딱 1년만 운동에 미치게 된다면 얼마든지 다른 사람으로 바뀔 수 있는 것이다.

실행을 하고 싶어도 하기 힘든 사람의 최대의 적은 바로 게으름이다. 사람은 서게 되면 앉고 싶고, 앉으면 눕고 싶고, 누우면 자고 싶어 한다. 게으름의 구덩이에 한번 빠지게 되면 헤어 나오려 해도 몸이 움직이지 않게 된다. 게으름에는 절대 만족이 없는 법이다.

한 포털 사이트에서 성인 남녀 1,594명을 대상으로 '꼭 고쳤으면 하는 자신의 습관'에 대해 설문 조사를 했다. 조사 결과 고치고 싶은 습관 1위로는 68.1%가 '게으름 피우는 습관'을 선택했다. 다음으로 '핑계 대는 습관을 고치고 싶다'(14.1%), '과도한 음주 습관'(7.8%), '욕하는 습관'(3.4%) 순이었다. 연령대별로는 20대와 30대의 경우 게으름 피는 습관을 고치고 싶다는 응답자가 각각 70.8%와 66.2%로 40대(45%)에 비해 훨씬 많았으며, 40대들의 경우는 과도한 음주 습관

(20%)과 핑계 대는 습관(20%)을 고치고 싶다는 응답자가 타 연령대에 비해서 상대적으로 높았다.

알면서도, 절대로 안 그러겠다고 말해 놓고서도 못 고치는 것이 바로 게으름이다. 게으름을 이겨내고 자신이 계획한 것을 실행할 수 있다면 최고의 성과가 나타날 것이다.

성공하는 사람과 실패하는 사람의 차이는 '얼마나 지속적으로 실행을 했느냐'의 차이이다. 대부분의 사람들은 성공한 사람들을 보고 운이 좋거나, 부모의 배경이 있거나, 어떠한 특별한 그들만의 방법이 있을 것이라고 생각한다. 하지만 그에게는 우리들이 생각하는 상식을 뛰어넘은 비법 같은 것은 존재하지 않는다.

성공하기 위한 혹은 자신이 원하는 목표를 이루기 위한 방법은 한 가지밖에 없다. 지금 당장 실행하는 것이다. 문제는 모두가 다 아는 사실을 얼마나 내가 실행하느냐에 따라 길은 완전히 달라진다. 성공이라는 것은 '나'의 능력, 지식이 문제가 아닌 게으르거나, 생각만 하고 실제로 행동하지 않아서이다.

대학교를 졸업한 L씨는 평소에 전혀 생각하지도 않았던 회사에 입사하게 되었다. 그러다 결국 그곳이 자신의 적성에 너무 맞지 않는 탓에 이직을 해야겠다고 결심했다. 하지만 문제는 그가 이직 준비를 행동이 아닌 말로만 한다는 것이다. 입사한 지 2년이나 지났지만 그는 이직을 위해 준비해놓은 것이 전혀 없다.

'토익 준비해야 하는데…', '컴퓨터 자격증을 준비해야 하는데…' 하고 말만 할 뿐이지 일을 마치고 귀가하면 잠을 자는 게 우선이고 그렇게 또 아무것도 안 한 채 다음날이면 다른 날과 똑같이 출근을 한다. 이러한 악순환은 누군가가 만들어준 것이 아니라 자신이 스스로 만든 현실이다.

그런데 L씨는 대학생 때부터 이러한 습관이 님들에 비해 굉장히 심했다. 시험 치는 날이면 좋은 성적을 받게 되기만을 바랄 뿐 실제 행동으로는 컴퓨터 게임, TV를 보는 게 전부였다. 그리곤 시험결과가 나오게 되면 항상 교수를 탓했다.

실행한다는 것은 분명 어려운 일이다. 하지만 지금 자신의 행동을 1%만 바꾼다면 몇 년 후에는 인생의 80%가 달라져 있을 것이고, 지금의 자신이 부족해 보여도 끝에는 놀라울 정도의 결과가 다가올 것이다.

실행의 기초는 습관이다. '생각은 행동을 낳고, 행동이 모이면 습관이 되고, 습관이 쌓이고 쌓여 한 사람의 운명을 결정짓는다'라는 말이 있다. 게으름이나 나태함은 불치병이 아니다. 자신이 노력하면 충분히 고칠 수 있고 바뀔 수 있는 것들이다.

실행하는 습관을 쉽게 바꾸기 위해서는 가장 먼저 우선순위를 정해 두어야 한다. 우선순위를 두게 되면 자신이 가장 먼저 해야 할 것들이 떠오를 것이다. 그러면 다른 건 다 놓아두고 우선순위의 가장 처음으로 정한 것을 먼저 실행한다. 우선순위를 여섯 가지 정도 적은 후 첫 번째 것이 완성되면 두 번째 것으로 넘어가는 형식으로 해야 한다. 이런 식으로 자신을 트레이닝하다 보면 자연스럽게 실행하는 것이 습관화되어 있을 것이다.

자신이 생각해 놓은 것을 절대 미루지 말고 당장 실행해야 한다. 만약 그 실행의 결과가 좋지 않아도 그 경험은 절대 헛된 것이 아닐 것이다. '하지 못해서 안 하는 것이 아니라, 하지 않아서 못 하는 것이다'라는 말이 있다. 직접 실행해보고 경험해보지 않으면서 자신의 생각으로만 판단하는 것은 어리석은 행동이다.

일본의 최고의 경영컨설턴트 간다 마사노리는 '성공하기 위한 노하우가 분명한데도 실제 행동으로 옮기는 사람은 1% 밖에 되지 않는다. 그러므로 성공하는 것은 간단하다'는 말을 남겼다.

모든 사람들이 아는 사실이지만 실행은 결코 쉽지 않다. 설령 자신과 굳게 약속을 하였더라도 제대로 지켜지지 않는 것이 바로 실행이다.

자신이 진정 원하는 삶을 살고 싶다면 실행의 힘을 믿고 사소한 것이라도 하나씩 실행해야 한다. 그러면 습관이 되고, 자신의 인생 또한 자연스럽게 계획한 대로 살 수 있을 것이다.

10대들이여! 지금 생각한 것을 생각으로만 가지고 있지 말고 지금 당장 실행하라.

03

간절함의 크기가
꿈의 크기를 만든다

자신의 능력을 최대치로 끌어올리기 위해 꼭 필요한 것이 간절함이다. 간절함은 진심을 다해 원하는 것이고, 꼭 이뤄 내겠다는 생각을 가지게 해 꿈을 이루게 해주는 마법 같은 힘이다. 하지만 이 힘은 절대 쉽게 나오지 않는다. 자신이 처해 있는 상황에 따라 또는 마음에 큰 충격을 받을 때 나오는 것이다.

최고의 인기직업인 공무원은 현재 고등학생부터 시작해 40대, 50대까지 연령의 제한이 풀리면서 엄청난 인기를 얻고 있다. 인기가 높은 만큼 합격 또한 결코 쉽지가 않다. 올해 9급 공무원 공채에 3,000명 모집에 19만 3,840명이 지원했다. 역대 두 번째 규모의 엄청난 지원이다. 이렇게 엄청난 경쟁률에도 불구하고 합격하는 사람들이 있다.

이 합격자들의 공통점은 바로 '얼마나 더 간절한가?'이다. 최단기간인 6개월 만에 합격한 사람이 있는 반면 3년, 4년이 되어도 합격의 문턱을 넘지 못하는 사람이 있다. 물론 국가시험은 그 날의 컨디션이나 운에 따라 달라질 수도 있지만 진심을 다한 간절한 마음이 동반되어야 비로소 합격의 문턱을 넘을 수 있다.

'간절하면 이루어진다'는 말이 있다. 이 말은 괜히 나온 것이 아니다. 항상 자신이 원하는 것을 생각하고, 하루하루 노력하면 언젠가는 반드시 이뤄진다는 것이다. 더욱이 신기한 점은 자신이 계획한 것보다 더 빠르게 이뤄진다는 점이나.

미국에 스티브 잡스가 있다면, 영국에는 제임스 다이슨이 있다. 영국왕립예술학교를 졸업한 다이슨은 엔지니어링 회사에 입사를 했고 그 회사에서 '시트럭'이라는 배를 디자인했다. 그는 실력을 인정받아 회사 내에서도 성공한 사람이 되었다. 하지만 그는 현실에 안주하지 않고 새로운 목표를 만들었다. 자기 자신의 회사를 설립한 것이었다. 그리곤 '볼배로'라고 불리는 정원용 수레를 만들었다. 기존에 정원용 수레는 타이어가 얇기 때문에 정원에 자국을 남기게 되는 반면 다이슨이 만든 볼배로는 플라스틱 공 안에 물을 채우는 방법으로 기존 정원 수레의 단점을 보완했다. 이 제품은 시장 점유율 70%를 넘기는 성공을 거두었지만 다른 회사가 다이슨의 볼배로 제품을 모방하는 바람에 위기에 처하기 시작했다.

그는 이런 위기 상황 속에서도 새롭고 기발한 상상력을 동원하기 시작했다. 바로 먼지봉투 없는 청소기를 개발하는 것이었다. 하지만 사람들은 다이슨을 인정하지 않았다. 그는 스티브 잡스처럼 자신이 만든 회사에서 쫓겨나게 되었고 자신의 집 창고에서 먼지 봉투 없는 청소기를 개발하기 시작한다. 새로운 제품이 나오려면 실제품화시켜 테스트를 통과해야 한다. 다이슨은 먼지 없는 청소기를 무려 5,216번이나 테스트했고 마침내 5,217번 만에 성공했다. 15년 동안 가지고 있던 전 재산과 엄청난 시간을 투자했던 결과가 드디어 결실을 보게 된 것이다. 다이슨의 청소기는 2008년 미국, 유럽 등 선진국 시장에서 판매 1위와 매출 1조를 넘기며 세계적인 상품이 되었다.

그는 자신이 만들고자 하는 목표가 뚜렷했고, 실패를 할 때마다 간절한 마음이 더욱 깊숙이 자리를 잡게 되었다. 그의 절실한 마음이 결국 세상을 놀라게 한 것이다.

사람에게는 절박한 마음과 간절한 마음이 있다. 절박한 마음은 어떤 일이 가까이 닥쳐 급박한 마음이다. 간절한 마음은 '정성이나 마음 씀씀이가 더없이 정성스럽고 지극하다'로 국어사전에 명시되어 있다. 자신이 꼭 해내야 하는 일을 꼭 이루고자 할 때 간절한 마음이 나타난다.

사실상 간절한 마음과 절박한 마음의 차이는 크지 않다. 이 두 가지 마음의 공통점은 절박함과 간절함이 적절하게 조화될 때 비로소 자신이 원하는 성과가 나타난다는 것이다.

"내 몸속에 있는 간절함을 꺼내고 싶어요."

자신이 원치 않는 대학교에 합격되어 다시 재수에 도전하는 K양. 두 번째 재수 도전이다. K양은 스물두 살이지만 자신이 원하지 않는 대학교를 굳이 갈 필요 없다고 생각한 뒤 열심히 노력만 하면 원하는 대학에 갈 수 있다고 믿었다. 하지만 그녀는 계획과는 다르게 하루하루를 안일하게 보내게 되었고, '조금만 있다가 하면 되지 뭐'라는 식으로 자신의 일들을 미루었다. 부모님을 생각해서라도 합격을 하고 싶지만 막상 공부할 상황이 되면 앉아 있는 것도 쉽지가 않고, 머릿속에는 다른 잡생각밖에 나지 않았다. 이제는 부모님의 눈치가 보이기 시작해 더욱 부담은 커져만 가는데 자신이 왜 이러는지 모르겠다고 하소연만 되풀이한다.

K도 분명 자신이 해야 될 것이 무엇인지 알고 있을 것이다. 하지만 그녀는 간절한 마음만 있지 절박한 마음은 가지고 있지 않았다. 스물두 살이니깐 아직 젊다는 생각과 점수를 조금만 높이면 합격할 수 있을 것이라는 안일한 생각이 그녀의 발목을 잡은 것이다.

생계를 책임져야 하는 어른, 당장 내일 먹을 것을 걱정해야 하는 사람도 간절함을 끌어내기 힘들다. 그 간절함을 가지는 사람만이 진정 자신의 목표에 다가갈 수 있다.
10대들이여! 이제는 자신의 꿈을 더욱 간절하게 생각하고 끊임없이 생각하라.

04

노력은 절대
배신하지 않는다

모든 결과에는 '과정'이 존재한다. 과정이 있었기에 그에 따른 결과가 나오는 것은 당연한 것이다. 그러나 과정 이전에 중요시해야 되는 것이 있다. 바로 '노력'이다. 노력을 함으로써 하나의 과정이 생기는 것이고 그 과정이 모여 결과가 되기 때문이다.

삶의 행운과 기회는 노력하는 사람에게만 찾아오는 선물이라고 했다. 행운은 갑자기 불쑥 나타나지 않는다. 엄청난 노력의 끝에 하늘에서 주는 선물과도 같은 것이 행운인 것이다.

각자 사람마다 자신이 가지고 있는 기준이 있을 것이다. 노력 또한 마찬가지다. A라는 사람은 10시간 이상 공부를 해야 노력했다고 생각할 수 있고, B라는 사람은 6시간 이상 공부해야 노력을 했다고 생각할지도 모른다. 하지만 진정 노력했다는 의미는 노력을 할 때 느낄 수 있는 짜릿한 기분을 느꼈는지 혹은 그 결과가 만족스러운지 스스로 인식하고 느껴야 한다.

아무리 자신이 10시간 이상 1년 동안 노력을 했다 하더라도 당당하게 말을 할 수 없다면 그건 분명 노력하지 않은 것이다. 왜냐하면 그 시간을 정확히 10시간을 지켰는지, 그 시간에 잠을 자지는 않았는지 혹은 잡생각, 게임을 했는지 등은 누구도 알 수 없고 오직 자신만이 알고 있기 때문이다. 물론 1년 동안 10시간 이상 공부만 한 사람도 있을 것이다. 물론 자신의 실수, 혹은 그날의 컨디션 등 여러 복합적인 상황이 맞물려 노력 이상의 결과가 나타나지 않을 수도 있다.

여기서 말하고자 하는 것은 '얼마나 자신이 진심을 가지고 노력을 하였는가?'에 대한 물음이다. 대부분의 사람들은 '노력'보다는 '대충' 혹은 '운'을 바란다. 그 중에서도 '대충'이라는 것에 더 많은 비중을 두게 된다. '대충' 하는 행동은 귀찮거나, 혹은 미루고 싶을 일들을 할 때 많이 나타난다. '대충 대충' 하다 보면 결국 그 끝에는 게으름과 나태의 지옥이 기다리고 있다는 것을 명심해야 한다.

아무리 천재적인 재능을 가지고 태어났다고 하더라도 노력하는 자를 이길 수는 없다. 끊임없이 자신의 일에 노력하고 열심히 하는 자만이 승리의 깃발을 들 수 있을 것이다.

초등학교 4학년인 남자아이가 자신은 축구를 하고 싶다며 축구를 시작했다. 그는 축구를 시작한 지 2년이 지난 6학년 때 전국대회에서 축구팀이 준우승을 차지해 차범근 축구대상을 수상했다. 그는 다른 선수들에 비해 몸집이 크지 않으며 평발이라는 단점을 가지고 있어 조금만 뛰어도 쉽게 피로를 느끼기까지 했다. 하지만 그는 축구에 대한 열정은 멈추지 않았다. 중학교, 고등학교를 거쳐 대학교에 진학할 때까지도 축구선수에 대한 꿈을 가지고 있었다. 그는 명지대학교에서 대학 선수로 활동하던 중 J리그로부터 러브콜을 받게 되었다. 그는 2000년에 명지대학교를 휴학하고 J리그의 교토 퍼플상가에 진출해 팀의 우승을 이끄는 등 큰 활약을 펼쳤다.

J리그에서 활약하던 그에게 생애 최고의 기회가 찾아왔다. 바로 2002년에 국가대표로 발탁이 된 것이었다. 그때 당시 한국 팀의 감독을 맡았던 히딩크 감독은 그의 잠재력, 정신력을 높이 평가하고 그를 발탁하게 된 것이다. 20대 초반

이었던 그를 주전으로 월드컵 무대에서 뛰도록 했고 감독의 전술과 지치지 않는 그의 체력은 환상의 호흡을 보여주었다. 대한민국 팀은 2002년 월드컵에서 4강이라는 엄청난 성적을 거두었고, 그는 히딩크 감독 소속팀인 네덜란드 프로축구 PSV 에인트호벤에 입단하게 되었다. 하지만 해외생활과 낯선 주변 환경에 적응하기란 쉽지 않은 일이었고 실력이 부진해 관중들에게 야유를 받기도 했다. 하지만 그는 더욱 열심히 노력했고 그 노력으로 최고의 기량을 발휘해 UEFA 챔피언스리그에서 팀을 4강에 올리며 대단한 활약을 펼쳤다. 그리고 2005년 7월 맨체스터 유나이티드에 입단해 UEFA 챔피언스 리그 우승컵을 들어 올려 맨체스터 유나이티드 200번째 경기 출전기록을 세운 최초의 아시아 선수로 이름을 올렸다. 그가 바로 박지성이다. 박지성의 노력하는 자세와 성실함은 초등학교 시절에 쓴 축구 일기장에 훈련한 내용을 그림으로 그려두거나 축구 또는 축구부와 관련된 일과를 적어 놓은 글들을 보면 알 수 있다. 이처럼 그는 어린 시절부터 축구에 대한 열정과 성실함을 가지고 있었고, 노력하고 배우는 자세를 잃지 않았다. 그는 천재적 재능이 아닌 노력으로 자신의 꿈을 이루었다.

노력은 절대 어떠한 일이 있어도 배신하지 않는다. 당장에는 결과가 나오지 않더라도 그 꿈을 잃지 않고 계속 노력하면 꼭 이루어지게 된다. 꿈의 크기가 크든 작든 상관없다. 정확한 목표와 열정과 노력이 함께 이루어진다면 어떠한 일이던지 해낼 수 있다.

우리가 살고 있는 이 시대는 노력과 성실보다는 속임수와 우연한 행운을 바라는 생각이 더 커졌다. 마치 노력과 성실을 통한 성공은 과거에만 이루어 낼 수 있는 일이라고 생각하는 사람도 비일비재하다. 하지만 최고의 결과를 만들어 내는 것은 언제나 노력이고 세상의 이치 또한 그러하다.

지금의 10대들에게도 자신이 노력하지 않은 것을 후회하는 날이 올지도 모른다. 그 날을 위해서라도 자신이 현재 하고 있는 일에 대해 최선을 다해 노력해야 한다. 그 노력은 남이 대신 해주는 것도 아니며 또한, 해줄 수도 없는 것이다. 그리고 노력의 대가는 온전히 자신에게만 돌아가는 가장 공평한 것이기 때문에 후회하지 않는 삶을 살기를 바란다면 자신의 인생을 위해 무조건 노력하라.

가장 가치 있는 금은
바로 지금이다

세상에는 가장 가치 있고 소중한 세 개의 금이 있다. 첫 번째는 인간의 물질적인 삶을 풍요롭게 해주는 '황금'이다. 두 번째는 음식의 부패를 막아주고 또한 음식 맛을 내주는 '소금'이며 마지막 금은 바로 '지금'이다. 과거는 이미 지나간 것이고, 미래는 앞으로 다가올 시간이지만 지금 내가 만들면 얼마든지 바꿀 수 있는 것이다. 현재의 과정이 중요하기 때문에 영어로는 현재를 'Present' 즉 선물이라고 표현하고 있다.

대부분의 사람들은 현재를 생각하는 것보다 쓸데없는 시간에 투자를 많이 하는 경향이 있다. 일어나지도 않은 일들을 상상해서 아까운 현재의 시간만 소비하게 되는 것이다.

또한 과거에 얽매여 앞으로 더 이상 발전할 수 없는 사람들도 보기 드물지 않다.

우리 모두 과거는 다시 되돌릴 수 없다는 것을 잘 알고 있다. 하지만 현실에서는 머리로는 알지만 마음속으로 그렇게 행동하지 못하는 경우가 종종 있다.

겉으로 보기에는 아무렇지 않은 평범한 고등학교 1학년 J양은 항상 과거에 사로잡혀 하루하루를 보내고 있다. 그녀는 과거의 행복했던 일들만 떠올리며 현재는 불행하다고 생각하고 있다. 초등학생, 중학생 때의 날로 돌아가기를 꿈꾸고 있으며 미래, 현재는 중요하지 않다고 한다. 그녀는 '아무리 과거는 과거일 뿐이라고 하지만 과거가 있기 때문에 현재의 자신이 있다'고 주장하면서 자신의 말에 더욱 힘을 실었다. 물론 그녀의 말처럼 과거가 있기에 현재가 존재 하지만 그녀처럼 현재, 미래에 대한 계획이 전혀 없는 것은 심각한 문제이다.

스페인 그라나다의 연구팀의 연구 자료에 따르면 과거에 얽매여 사는 사람은 부정적이고 비관적인 삶을 사는 경우가 많다는 연구 결과가 나왔다. 그러다 보니 자신이 하는 일에 조그마한 문제라도 생기면 빨리 체념하고, 의기소침해지면서 기력 또한 떨어져 면역력이 저하되어 질병에 쉽게 노출된다고 한다.

과거는 절대 돌아갈 수도, 돌이킬 수 없는 것이기 때문에 현실을 받아들이고 빨리 체념하는 방법이 가장 좋은 방법이다. 물론 말처럼 쉽지는 않지만 더 나은 생활을 하고 더 좋은 행복을 만들기 위해서는 '지금'이라는 시간을 잘 활용해야 한다.

"과거는 상관없어. 아프긴 하겠지. 하지만 둘 중에 하나야. 도망치든가, 극복하든가."

영화 '라이온 킹'에 나온 대사이다. 아프긴 하지만 어쩔 수 없이 과거는 과거이며 도망치는 도망자로 남을 것인지, 극복하고 더욱 크게 발전하는 사람이 될 것인지 자신에게 달려 있다. 인정을 하고 실수를 발판 삼아 더 크게 도약하는 게 현명한 행동이다.

사형을 기다리는 한 사형수가 있었다. 사형을 집행하던 날 그는 형장에 도착했고 그에게 마지막 5분이라는 시간이 주어졌다. 28년을 살아왔던 그에게 5분이라는 시간은 짧지만 한편으로는 소중한 시간이었다. 그는 마지막 5분을 어떻게 쓸까 고민에 빠졌다. 그는 고민 끝에 결정을 내렸고 자신을 알고 있는 사람에게 작별기도를 하는 데 2분, 오늘날까지 자신을 살게 해 준 하나님께 감사하고 다른 사형수에게 한 마디 작별인사 하는 데 2분을 썼고 나머지 1분은 자연의 아름다움과 지금까지 자신을 존재하게 해준 대지에 감사하는 데 1분을 쓰기로 했다. 그는 눈물을 흘리며 친구, 가족들을 생각하며 작별인사를 하고 그 기도를 하는 데 2분이 지나갔다. '이제 3분 뒤면 내 인생은 정말 끝이구나…' 하는 생각이 들자 눈앞이 캄캄해졌다. 그는 지난 세월 동안 시간을 아껴 쓰지 못한 것이 후회되었다. 그는 마음속으로 '다시 나의 인생을 더 살 수 있다면 꼭 후회하지 않는 삶을 살텐데…' 하며 눈물을 흘렸다. 그런데 그때 갑자기 믿을 수 없는 일이 벌어졌다. 기적적으로 사형집행 중지 명령이 내려졌던 것이다. 그는 간신히 목숨을 건지게 되었고, 구사일생으로 풀려난 후 그의 삶은 극적으로 변화되었다. 그는 사형 직전 그 5분을 통해 시간의 소중함을 깨달았고 절대 허투루 보내면 안 되겠다는 생각을 하게 되었다. 그는 매 삶을 마지막처럼 소중하게 생각하며 열심히 살았고 《카라마조프의 형제들》, 《영원한

만남》,《죄와 벌》 등의 명작을 발표했다. 그는 바로 도스토예프스키이다.

지금 이 시간이 가장 귀한 시간이며 이 귀한 시간들이 모여 하루가 되고 자신의 삶을 완성시켜 준다. 따라서 어떤 가치 있는 것들보다도 더 가치 있는 것이 바로 '지금'이다.

아직 다가오지도 않은 미래를 두려워하는 사람 또한 많다. 10대 또한 마찬가지로 자신의 미래에 대해 불안감을 갖고 있으며 또한 미래에 대해 걱정을 많이 한다. 하지만 스스로 어떤 노력도 하지 않으면서 미래에 대해 걱정하는 것은 옳지 않다.

하루하루 시간을 헛되이 보내지 않고 남들이 뭐라고 하더라도 자신만의 길을 가고 최선을 다하는 사람은 미래에 대한 두려움이 없다. 우리가 안일하게 생각하는 1분, 1초도 시한부 인생, 사형수에게는 크고 의미 있는 시간이라는 것을 생각하면서 살아가야 한다.

"미래를 신뢰하지 마라, 죽은 과거는 묻어버려라, 그리고 살아있는 현재에 행동하라."

미국의 시인 '롱펠로우'의 말처럼 과거와 미래에 대한 생각은 잠시 접어두고 지금 현재에 최선을 다해 나만의 의미 있는 시간으로 바꾸자.

06 주위에는 언제나 방해꾼이 있기 마련이다

우리 인생에서는 두 가지의 길이 있다. 첫 번째 길은 성공의 길이고 두 번째 길은 실패의 길이다. 물론 대부분 사람들은 성공의 길을 원하고, 누구나 열망하는 것이 '성공'이다.

하지만 성공이라는 열매는 아무에게나 주어지지 않는다. 오직 고난과 역경 혹은 수많은 경험에 통해서 성공이라는 열매를 맛볼 수 있다.

"성공하는 사람과 실패하는 사람의 차이는 무엇일까?"

물론 성공의 기준은 개개인마다 다르다. 평범하게 사는 것을 성공이라고 하는 사람이 있는 반면 좋은 집, 좋은 차를 타야 성공이라고 하는 사람도 있다. 하지만 성공이란 '내가 원하는 것을 가질 수 있고, 내가 원하는 시간을 쓸 수 있을 때'를 의미한다.

성공이라는 화려한 문과 실패라는 암흑의 문을 나누는 데는 많은 요소들이 있겠지만 그 중 하나는 바로 '누군가에 의해서'이다. 이 '누군가의 의해서'가 중요한 이유는 세상에는 나를 옹호해주는 사람보다는 방해하는 사람들이 많다는 것을 뜻한다.

'방해'라는 것은 나의 앞길을 제대로 못 가게 하는 것을 말한다. 하지만 다른 방식의 방해도 있다. 예를 들면 '넌 불가능 해!', '지금 너 실력으로 가능하다고 생각해?'라고 말하는 방해꾼들이 있다. 이는 자신의 날개를 펼치기도 전에 접어버리게 만드는 무서운 방해이다.

아무리 자신의 신념이 강한 사람이라도 주변에서 좋지 않은 소리를 계속하게 되면 당연히 기가 죽고 의욕을 상실할 수밖에 없다.

열여섯 살의 한 여자아이가 있었다. 그 소녀는 열여섯 살때 갑작스럽게 아버지가 일찍 세상을 떠났고 열아홉 살 때는 대학교 입시에 떨어지는 좌절을 겪었다. 그녀는 동생까지 있어 재수가 불가능했고 생계를 위해서 어쩔 수 없이 취업 전선에 뛰어들었다. 그녀는 아르바이트를 무려 여섯 가지를 하면서 생계를 이어갔고 6년 만에 원하는 대학에 입학할 수 있었다. 그녀는 한국에서 대학을 졸업한 뒤 미국 유타대학에서 국제홍보학으로 석사학위를 받을 만큼 무섭게 노력했다. 그후 그녀는 국제홍보회사에 취직을 하게 되어 안정적인 생활을 할 수 있게 되었다. 하지만 그녀는 매일 다람쥐 쳇바퀴 도는 것처럼 사는 인생을 원하지 않았고 고민 끝에 과감한 결정을 내렸다. 그리고 옛날에 아버지와 약속했던 세계여행의 꿈을 이루고 싶어 과감히 회사를 그만 두게 되었다. 하지만 주변 사람들과 친척들은 완강하게 반대했다. '그렇게 고생해서 대학교에 갔는데 왜 그런 모험을 하느냐?'라는 말들을 많이 들었다. 하지만 그녀는 주변의 만류에도 의지를 전혀 굽히지 않았다. 마침내 그녀는 세계여행에 오르게 되었고, 여행의 기록들을 모아 책으로 출판하게 되었다. 그 책이 바로 《바람의 딸, 걸어서 지구 세 바퀴 반》이다. 책은 출간되자마자 엄청난 인기를 얻었고 그녀는 단숨에 베스트셀러 작가로 등극했다. 그녀가 바로 '바람의 딸' 한비야이다.

그녀는 '여행 중에 만난 오지의 사람들에게서 오히려 많은 것을 배우고 느꼈고 이를 계기로 나의 삶이 완전히 변화했다'라고 말했다.

자신의 꿈을 이야기하게 되면 사실상 주변에서는 좋은 소리보다는 부정적인 소리를 많이 듣게 된다. 물론 걱정되어 하는 말일 수도 있지만, 그 말 속에는 '네가 할 수 있다고?'라는 좋지 않은 소리가 있는 것 또한 사실이다.

누군가에게 조언을 듣는다는 것은 좋은 것이다. 하지만 자신의 꿈을 꺾으면서까지 조언을 들으려 하는 것은 바람직하지 않다. 물론 현재의 '나'로서는 불가능하다고 할 수도 있다. 하지만 미래의 '나'는 어떻게 될지도 모르고 어떠한 인물이 될지도 모른다.

마크 주커버그, 빌 게이츠, 오프라 윈프리, 워렌 버핏 등 세계적으로 유명하고 영향력 있는 사람들 또한 처음에는 좋지 않은 소리를 들었다. 하지만 그들은 방해하는 사람의 말은 듣지 않고 오직 자신만을 믿었으며 결국 엄청난 부와 명예를 얻게 되었다.

사람들의 비난에 휘둘리지 않고 비난을 받으면 받을수록 더욱 강인해져 소수만이 갈 수 있는 성공의 문을 자신이 직접 개척해야 한다. 자신의 꿈을 믿고 실행한다면 50%는 성공하는 발

판이 마련되어 있는 것이다. 자신의 삶을 절대 남이 대신 살아
주지 않는다는 것을 명심하고 자신의 날개를 누구도 꺾지 못
하게 단단히 만들어라.

07

멘토를 만들면
실패가 줄어든다

멘토Mentor란 경험이 없는 사람에게 오랜 기간에 걸쳐 조언과 도움을 베풀어 주는 유경험자를 일컫는 말이다. 오디세우스는 트로이 전쟁에 출정하면서 집안일과 아들 텔레마코스의 교육을 그의 친구인 멘투에게 맡긴다. 멘토는 오디세우스가 전쟁에서 돌아오기까지 무려 10여 년 동안 왕자의 친구, 선생, 상담자, 때로는 아버지가 되어 텔레마코스를 잘돌봐주었다. 이후로 멘토라는 그의 이름은 지혜와 신뢰로 한사람의 인생을 이끌어 주는 지도자의 상징이 되었다.

10대들의 가장 큰 고민으로는 진로, 성적, 인간관계가 대표적이다. 하지만 친구들과의 대화만으로는 한계가 있을 것이고 부모님 혹은 어른들에게 상담을 했을 때는 원하지 않는 답을 들을 수도 있다.

이럴 때일수록 멘토라는 것이 더욱 필요한 것이다. 멘토라고 하면 이른바 '성공한 사람'을 떠올리게 되지만 자신의 마음에 크게 와 닿고, 배우고 싶은 사람은 누구나 멘토나 멘티가 될 수 있다. 따라서 사촌형, 누나, 오빠, 언니들 혹은 친척들도 멘토가 되어 상담을 해줄 수 있는 것이다.

더 나아가 자신이 원하는 대학교에 재학 중인 학생에게 요청을 해 어떠한 방식으로 대학교에 입학했는지 조언을 얻을 수 있다. 또한 자신이 원하는 학과가 있으면 그 학과 재학생에게 조언을 구한다면 그것 또한 멘토의 관계가 성립이 되는 것이다.

대부분의 사람들은 자신이 어떠한 일을 하고 싶은데 그 길로 가게 된다면 성공할 확률이 높은지, 실패할 확률이 높은지 알 수 없다. 하지만 자신의 멘토가 될 만한 사람을 찾아 연구하고 어떠한 방식으로 성공했는지, 성공을 위해 어떤 과정이 필요한지 자세히 들어보면 자신이 진정 원하는 목표인지 아닌지 알 수 있다.

멘토의 중요성은 바로 시간을 아낄 수 있다는 데 있다. 자신의 시간을 1년, 2년 허비하는 것보다는 내가 되고 싶은 길의 먼저 간 사람의 전철을 밟다 보면 효율적으로 자신의 꿈에 다가갈 수 있는 것이다.

물론 1년, 2년의 쓴 고통의 시간이 의미 없는 시간은 절대 아니다. 그 안에서 경험을 통해 배울 수 있는 것도 많다. 하지만 그 시간에 자신이 원하는 일을 한번이라도 더 할 수 있는 것이 더욱 좋은 경험이자 효율적인 방법이라고 생각된다.

페이스북 창시자 마크 주커버그, 그에게도 멘토가 있었다. 바로 스티브 잡스이다. 스티브 잡스는 미국의 기업가이며 애플의 창업자이다. 매킨토시 컴퓨터를 선보이고 성공을 거두었지만, 회사 내부 사정으로 애플을 떠나 넥스트 사를 세웠다. 하지만 애플이 넥스트 사를 인수하면서 경영 컨설턴트로 복귀했고, 애플 CEO로 활동하며 아이폰, 아이패드를 출시, IT 업계에 새로운 바람을 불어 넣었다. 그는 사망했지만 그의 말과 행동들은 지금까지도 여전히 강한 영향력을 발휘하고 있다.

스티브 잡스가 사망하고 난 뒤 마크 주커버그는 페이스북에 '스티브 잡스. 멘토와 친구가 돼 줘서 고맙다'며 '당신이 만들어 내는 것들이 세상을 바꿀 수 있다는 점을 증명한 것도 감사한 일이며 나는 당신을 그리워할 것이다'라고 남겼다.

멘토를 좋지 않는 시선으로 보는 사람도 많다. 사회구조
적으로 발생하는 문제들을 개인의 책임으로 돌리고, 개인의
힘으로 성공할 수 있다는 달콤한 환각제 역할을 하고 있다는
것이 그들의 시선이다.

하지만 명심해야 할 것은 멘토가 도움을 줄 순 있어도 삶
을 대신 살아주거나 문제를 근본적으로 해결해 줄 수는 없다
는 사실이다. 자신의 인생은 자신 스스로 만들어 가야 하는
것이다. 누구나 살아가면서 커다란 고난과 역경을 겪게 된
다. 히지만 멘토의 조언과 자신의 생각을 적절하게 사용한다
면 자신이 꿈꾸던 미래를 계획했던 것보다 빠르게 이뤄낼 것
이다.

내가 이루고 싶은 목표를 이미 이룬 멘토를 찾아 자신의 삶에
긍정적인 영향을 얻는 것이 멘토 활용법이다.
인간의 꿈은 계속해서 바뀐다. 10대일수록 꿈이 수도 없이 변
하기 마련이다. 자신이 진정 좋아하는 일, 하고 싶은 일, 잘할
수 있는 일을 종이에 적어 하나씩 시도해보면서 조언을 얻게

되면 더욱 빨리 자신이 원하는 길을 갈 수 있을 것이다.

☐ 인생은 그저 쉽고 편하게 사는 것이 제일 좋다고 생각한다.

☐ 나보다 잘 나가는 사람들을 봐도 아무런 자극이 되지 않는다.

☐ 지금 하는 일에서 성공하기보다는 로또에 당첨되기를 더 바란다.

☐ 하루에도 몇 번씩 그만두고 싶은 심정이다.

☐ 일에 몰두하기보다는 모임이나 취미생활을 생각한다.

80점 이상 열정이 거의 없는 사람이다. 상당히 위험한 생각을 가지고 있으며 하루 빨리 자신의 열정을 찾아줄 무언가를 발견해야 한다.

50점 이상 열정이 메말라가고 있는 상황이다. 자신이 하고 있는 일만 생각하지 말고 더 나은 생각을 가져 더욱 자신의 열정에 힘을 실어 줘야 한다.

30점 이상 자신의 마음가짐만 제대로 가진다면 곧 열정의 힘이 크게 작용할 것이다. 또한 자신을 믿는 것이 중요하며, 자신의 일에 대한 믿음을 가져야 한다.

5장

긍정은
실패를 치유하는
아스피린이다

01
긍정의 힘이
성공을 부른다

어떠한 상황이 발생했을 때 그 상황을 어떻게 생각하느냐에 따라 결과물은 하늘과 땅 차이처럼 엄청난 차이가 난다. 상황이 아무리 힘들어도 이겨 낼 수 있다고 생각하고 더욱 나를 발전하게 하는 계기라고 생각하면 자신에게 피와 살이 되는 긍정적인 효과를 발휘하게 된다. 반면 상황 자체를 비관적으로 생각하고 '왜 항상 나에게만 이런 일들이 일어날까?' 하고 생각하게 된다면 발전은커녕 더욱 좋지 않은 결과들이 반복적으로 일어날 뿐이다.

"무조건 희망을 갖자. 희망을 아무리 많이 가진다 해도 손해 보는 것은 없다."

긍정적인 사고방식은 불변의 법칙으로 성공의 필수 요소이다. 내 삶을 한 단계 더 발전시키고 더 나아가 어떠한 역경이나 고난이 와도 무너지지 않는 힘을 키울 수 있다. 또한 부정적인 사람보다는 긍정적인 사람이 사회생활을 더욱 잘하고 많은 사람들에게 인정을 받게 된다.

한 기사에 따르면 통증성 질환에 대해 긍정적인 태도를 가진 환자가 그렇지 않은 환자보다 질환 대처 능력이 좋아지고 통증을 잘 극복하게 된다는 연구 결과가 있었다고 한다. 분당서울대병원 관절센터 공현식 교수팀은 만성 테니스 엘보우 환자 91명을 1년간 추적조사해 질환에 대한 이해도를 조사하는 연구를 시행해 이 같은 결과를 얻었다고 밝혔다.

연구팀은 질환에 대해 '힘줄이 일시적으로 약해졌다', '회복 가능하다' 등과 같이 긍정적인 용어로 설명한 환자들과 '힘줄이 파열됐다', '끊어졌다', '영구적이다' 등 부정적인 용어로 설명한 환자들로 분류했다. 두 그룹을 비교한 결과, 긍정적인 태도를 가진 환자들이 질환에 대한 대처 능력 지수가 더 향상되고(55% : 33%) 통증도 더 잘 극복하며(50% : 32%), 의료 기관도 적게 이용하는 것으로(18% : 69%) 나타났다.

긍정적인 마인드는 기적을 만들 수 있는 유일한 방법이라고도 할 수 있다. 긍정은 또 다른 긍정을 낳아 새로운 기적을 만들고 꿈 같은 일들을 만들어주는 신비한 힘이라고 할 수 있다.

1991년 일본의 아오모리 현에서는 잇따른 태풍피해로 인해 무려 90%나 되는 사과들이 땅에 떨어져 그대로 버려야 할 상황이 되었다. 이런 최악의 상황에서 농민들은 일손을 놓고 매일같이 태풍을 원망하며 한탄했다. 그런데 앞이 보일 것 같지 않았던 암담한 나날들이 어느 날 하나의 생각에 의해 바뀌게 되었다. '괜찮아!', '괜찮아!' 한 농장 주인이 10% 남아 있는 멀쩡한 사과를 보며 감사하다는 생각이 들었고 그 사과들을 보면서 많은 생각을 하게 되었다. 그러던 중 그의 머릿속을 스치는 획기적인 생각을 떠올리게 되었고 그의 기발한 생각은 마침내 기적을 이뤄냈다. 가을은 사과가 탐스럽게 익어가는 계절이기도 했고 또한 대학 입시철이 다가오는 시즌이기도 했다. 그는 남은 10% 사과에 '합격사과'라는 이름을 붙여 수험생과 학부모들에게 적극적으로 팔기 시작했다. '합격사과'는 '이 사과를 먹으면 떨어지지 않고 반드시 합격합니다'라는 홍보 전략과 마케팅 방법으로 다른 사과들보

다 10배 이상이나 비싼 가격으로 팔리게 되었다. '합격사과'
는 떨어지지 않는 사과로 알려지게 되었고 그야말로 대박 매
출을 달성하게 되었다.

모두가 좌절할 때 긍정적인 역발상으로 엄청난 효과를 보
았고 또한 긍정의 힘은 엄청나다는 것 또한 느낄 수 있다.

하지만 극한의 상황에서 긍정적으로 생각하기란 나이와
상관없이 힘든 일이다. 또한 그것이 남의 상황일 때는 '괜찮
아 그럴 수도 있지'라고 말하지만 막상 자신에게 닥치게 되
면 쉽게 받아들이지 못한다.

긍정 마인드를 갖기 위해서는 다음과 같은 습관을 들여야
한다.

매사에 고마움을 안다

긍정적인 사람 대부분은 아무리 사소한 일이라도 고마움
에 대해 크게 느낀다. 누군가 보기에는 하찮고 보잘것없어
보여도 그 일이 자신에게 왔고, 또한 자신이 살아있기에 그
러한 일들이 온 것이라며 더욱 감사함을 느낀다.

과거를 과감히 버린다

과거는 다시 되돌릴 수 없다는 것을 빠르게 인지하고 미래를 대비해 현재의 시간에 최선을 다해 자신의 열정과 시간을 투자한다. 물론 좋았던 기억들은 긍정적인 생각에 플러스 요인이 될 수는 있지만, 좋지 않은 과거 기억들은 과감히 잊어버린다.

두려움을 무서워하지 않고 오히려 더욱 강하게 맞선다

사람들은 두려울수록 움츠리기 마련인데, 긍정적인 사람들은 이 일로 인해 더욱 큰 경험과 가치를 얻을 것이라고 생각하면서 오히려 즐기면서 그 일을 대처한다. 또한 풀리지 않아도 다음에는 똑같은 실수를 반복하지 말아야지 하면서 미련을 남기지 않고 과감히 놓아버린다.

부정적인 단어는 쓰지 않는다

긍정적인 마음을 가지기 위해 가장 중요한 것은 바로 말하는 습관이다. 자신도 모르게 부정적인 말을 하는 습관을 가지고 있는 사람은 굉장히 많다. 사람들은 긍정적인 말보다는 부정적인 말을 쉽게 기억하기 때문에 부정적인 말을 하는 것은 절대 좋지 않다. 상대방에게 욕을 하는 것은 자신에게 욕을 하는 것과 마찬가지 효과를 가진다고 한다. 그러므로 이제는 부정적인 말보다는 언어를 순화하여 긍정적인 말을 하는 습관을 길러야 한다.

긍정적인 마음을 갖고 있든, 갖고 있지 않든 누구에게 탓을 할 수도 없는 것이다. 부모, 친구, 정부 등등 그들이 아무리 자신을 부정적으로 말하려 해도 자신의 진정한 마음이 긍정적이라면 절대 뚫지 못한다. 긍정은 기적의 묘약이라는 말이 있다.

돈 들지 않고 지금 당장 시작할 수 있는 것이다. 긍정적인 마음에는 불가능한 일들도 가능하게 만드는 엄청난 힘이 숨겨져 있다.

10대들이여! 이제부터는 부정적인 말을 하지 말고 긍정적인 말을 하여 더욱 품위 있는 사람이 되어라.

02

끊임없이 생각하고
쉴 새 없이 상상하라

'마치 자신이 ~가 된 것처럼 상상하라'는 말을 들어본 적이 있는가? 자신의 꿈과 목표를 더욱 빠르게 실현시켜 줄 아주 강력한 도구는 바로 생각하고 상상하는 것이다.

끊임없이 생각하고 상상하는 것 또한 성공한 사람들의 공통점이다. 자신의 미래를 설정하고 구체적으로 목표를 정한 뒤 잠에 들기 전이나, 하루에 5~10분의 시간을 투자해 자신의 미래 모습을 명확하고 구체적으로 상상하기만 하면 된다.

물론 어느 정도의 성과나 목표가 필요한 것은 사실이나, 자신이 계획한 것보다는 몇 배 이상으로 빠르게 실현시켜 준다.

힐튼은 1887년 성탄절, 미국 뉴멕시코 주 샌안토니오에서 노르웨이 출신의 이민자인 아버지와 독일 계통인 어머니 사이에서 태어났다. 그 아이의 아버지는 여러 가지 장사를 했지만 번번이 좋지 않은 성과를 만들었다. 그 아이는 어느덧 청년이 되어 생계를 돕기 위해 취직을 했다. 그는 은행원, 호텔 벨 보이, 행상 등을 하면서 간신히 생계를 꾸려나가고 있었다. 그러면서 그는 은행가가 되기를 꿈꾸었다.

제1차 세계대전에 참전한 뒤 그는 석유 천국인 텍사스로 가지만 은행 대신 호텔에 취업하게 되었다. 그는 호텔에서 '벨 보이'를 하게 되었는데 다른 벨 보이들과는 다른 점이 있었다. 바로 '꿈'이 있었던 것이다. 그는 자신의 방에 당시 가장 큰 호텔의 사진을 붙여 놓고 마치 자신이 주인인 것처럼 행동하고 긍정적으로 상상했다. 그리곤 그는 남들이 보기에는 말도 안 되는 그 꿈을 이루고 말았다. '모플리 호텔'을 인수해서 호텔 숙박 시간에 맞춰 요금제를 정하고, 선물가게를 열어 조금씩 사업을 키워나가기 시작했다. 그는 종업원에게 서비스 교육을 시키고, 시트와 베개를 세탁했다. 현재에는 당연히 해야 되는 것이지만 그때 당시에는 그렇게 관리한다는 것이 차별화와 획기적인 서비스였다.

1920년 대공황으로 인해 경영 악화로 위기를 맞지만 그 위기를 넘기고 주변의 호텔을 인수하기 시작했고, 샌프란시스코, 로스앤젤레스, 뉴욕까지 진출해서 그야말로 미국의 호텔업계에 최정상의 자리에 오르게 되었다.

제2차 세계대전 후에 미국이 아닌 세계를 상대로 기업을 키워 '호텔 왕'이라는 별명도 얻게 되었다. 그는 자신의 성공 비결을 '흔히 사람들은 재능과 노력이 성공의 보증수표라고 생각하지만 나는 다르게 생각한다. 생생하게 꿈꾸는 능력이다. 내가 호텔 벨 보이로 일할 때 나보다 능력이 뛰어난 사람, 더 열심히 일한 사람은 많았다. 그러나 혼신을 다해 성공한 자신의 모습을 그렸던 사람은 나 하나뿐이었다'라고 말했다.

힐튼은 자신의 꿈에 대해 끊임없이 구체적으로 상상하고 '결국엔 호텔 CEO가 될 것이다'라는 마음을 가지고 있었다.

"꿈을 가지고 있는 사람들 중에서는 과연 얼마나 많은 사람들이 자신의 꿈을 명확히 그리며 상상할까?"

인간이 마음껏 표현할 수 있는 것 중에서 '상상'하는 것만큼이나 '나'를 기분 좋게 해주며 짜릿하게 해주는 것은 없다.

그리스 신화에는 키프로스에 사는 피그말리온이라는 젊은 조각가 이야기가 실려 있다. 그는 자신의 추한 외모에 대한 콤플렉스로 주변 사람들과의 관계보다는 자신 속에 스스로

갇혀 살기를 더 좋아했다. 그에게는 자신이 만든 여자 조각 상이 있었는데 그 조각상을 사랑하게 되었다. 어느 날 아프로디테 여신 축제일에 간절하게 기도를 올리면 소원이 이루어진다는 소식을 접한 그는 조각상이 사람이 될 수 있게 해달라고 간절하게 기도했다. 그리고 조각상의 입술에 입을 맞추자 갑자기 차가웠던 입술이 따뜻해지기 시작하면서 심장이 뛰기 시작했다. 피그말리온의 상상과 간절한 소원이 원하는 여자를 얻게 해준 것이다.

아인슈타인은 '당신이 상상하고 있는 것은 당신이 살게 될 멋진 인생을 보여주는 영화 예고편과 같다'라는 말을 남겼다. 상상의 힘은 늘 예상을 뛰어넘는 힘을 가지고 있다는 것을 위대한 사람들은 모두 알고 있었던 것이다.

이지성의 《꿈꾸는 다락방》에서는 '생생하게 꿈꾸면 이루어진다'라는 이치를 알고 R=VD라는 공식을 만들었다. R=VD의 뜻은 Realization = Vivid Dream으로 많은 사람들에게 사랑을 받았던 베스트셀러이다. 그 책에서 또한 '끊임없이 상상하라!'고 말하고 있다.

스필버그는 열두 살 때부터 이 공식을 실천했다. 그의 친구는 인터뷰에서 '스필버그는 열두 살 때부터 자신이 아카데미 시상식에서 상을 타는 모습을 상상했다'라고 말했다. 스필버그 역시 '열두 살 때부터 영화감독이 되기로 마음먹었다'라고 했고, 꿈을 분명하게 그렸다. 그러나 그는 9년 동안 영화계 근처에도 가지 못했다. 그럼에도 그는 영화감독처럼 차려입고 스튜디오에 들어가 빈 사무실에서 2년 동안 생활했다. 그는 해변에서 어떤 사람을 만나 그와 친해졌고 그 사람이 영화 비용을 내주게 되며 데뷔작 '엠블린'을 쓰게 되었다. 그 후 그는 현재까지도 인정받은 유명한 감독으로 자리 잡고 있다.

'상상은 곧 현실이 된다'라는 말이 있듯이 자신의 목표를 구체적으로 잡고 끊임없이 자신의 모습을 상상하며 된다는 마음가짐을 가지게 되면 반드시 이루어질 것이다.
상상은 빠른 나이, 빠른 시기일수록 더 빠른 결과를 가져다준다. 10대들이여! 자신의 꿈에 대해 한 치의 의심도 하지 말아야 한다. 자신의 꿈에 대해 어느 누군가가 비난을 할지라도 항상 자신의 꿈에 대해 확신하고 또한 마치 ~가 된 것처럼 행동하여 자신만의 길을 개척해 나아가라.

03

선명한 꿈이
구체적인 목표를 만든다

정확한 꿈을 가지고 있지 않다는 것은 광활한 사막에서 지도를 가지고 있지 않는 것과 같다.

대부분의 사람들에게 '꿈이 무엇인가요?'라는 질문을 던졌을 때 돌아오는 대답은 '공무원입니다', '대기업에 입사하는 것이에요', '사업을 해보고 싶어요'라는 말을 한다. 사실 이렇게 자신의 꿈이 있다는 것을 말하는 것도 좋은 것이지만 자신이 꿈을 두루뭉술하게 말한다.

진로에 한창 고민인 고등학교 3학년 이민제 군, 그는 고등학교 졸업을 앞두고 두 가지 고민에 빠졌다. 첫 번째 고민은 대학교를 가는 것이고 두 번째 고민은 바로 취업전선에 뛰어드는 것이다. 그는 교내에서 성적과 인품이 우수한 학생으로 알려져 있으며, 두 가지 모두 자신이 원하기만 하면 들어갈 수 있었다. 하지만 그가 고민하는 이유는 자신의 목표가 뚜렷하지 않다는 것이었다. 취업을 할 계획이라면 어떤 회사, 어떤 부서를 지원해야 할지 결정을 해야 하는데 그는 단지 취업을 생각 중이었고, 대학교 또한 마찬가지로 대학교 이름뿐 정작 어떤 과를 선택해야 할지 헤매고 있었다.

우리는 꿈에 대해 말을 할 때 대부분 뚜렷하지 않게 말을 한다. 이러한 문제가 지금은 별것 아니라고 생각될 수도 있겠지만, 이러한 부분은 훗날 나의 인생을 좌우할 정도로 큰 영향을 끼치게 된다.

뚜렷하게 자신의 목표를 가지고 당당하게 말하는 사람과 두루뭉술하고 애매하게 말하는 사람은 시작점부터가 다르다는 말이다. 또한 그 원하는 목표에 다가가기 위한 시간 또한 엄청난 차이가 생기게 된다.

어떤 궁수가 있었다. 그 궁수는 아무리 연습을 해도 솜씨가 늘지 않자 유명한 궁수를 찾아가 활을 잘 쏘는 방법을 가르쳐 달라고 부탁했다. 하지만 그는 활을 잘 쏘는 비법은 가르쳐주지 않고 대신 '목표를 정확히 잡거라'라는 말만 하곤 더 이상 말을 하지 않았다. 그 궁수는 그 말의 뜻을 이해할 수 없었지만, 집으로 향하던 길에 그 말의 의미를 알아차렸다. '과녁의 가운데를 맞춰야 한다'는 생각에 집중했으며 자신이 왜 궁수가 되어야 되는지 깨달았다. 그 궁수의 활쏘기 실력은 일취월장했고 마침내 최고의 명사수가 되었다.

모든 목표는 처음에는 광범위하지만 점차 구체적으로 만들어야 한다. 그 꿈의 초점이 명확해져야만 우리는 자신이 살아야 하는 이유, 지금 그 꿈을 이루기 위해선 어떤 것을 해야 되는지 등을 알 수 있다.

영화 '아바타'를 만든 제임스 캐머린 감독이 지금처럼 훌륭한 감독이 될 수 있었던 것도 명확한 꿈 덕분이다. 그는 열네 살 때 보았던 스탠리 큐브릭 감독의 '2001년 스페이스 오딧세이'를 보고 나서 자신도 '영화를 만들어보고 싶다'라는 생각을 하게 되었다. 그는 직장을 옮긴 아버지를 따라 미국 캘리포니아의 풀러턴 대학에서 물리학을 배웠지만 글 쓰는 것을 좋아해서 영문학으로 전공을 바꾸었다. 그러나 이것도 곧 포기하고 대학 중퇴자가 되었다. 그때부터 그는 힘든 인생을 시작했다. 그는 트럭운전사, 기계상점 종업원 등으로 일하며 근근이 생계를 이어갔다. 하지만 그는 어릴 때 가졌던 영화감독이 되겠다는 꿈을 포기하지 않았다. 낮에는 일을 하고 밤에는 계속 글을 썼다. 그리고 스물세 살이던 1977년 영화 '스타워즈'를 보고 그는 마침내 결심했다. 그리곤 영화전선에 뛰어들어 친구들과 썼던 10분짜리 각본으로 출발한 캐머런은 '피라냐 2'의 감독을 시작으로 '터미네이터', '타이타닉' 등을 제작하며 영화계의 제왕이라는 호칭을 얻게 되었다.

제임스 캐머런은 어떤 힘든 상황이 와도 절대 굴복하지 않았고 자신의 꿈을 어떻게든 조금씩 이루었다. 지금의 그를 만든 것도 분명한 꿈의 목표가 있었기에 가능한 것이었다.

아무리 허황되고 말이 안 되더라도 반드시 자신의 꿈을 이루기 위해 지속적으로 노력하고 그 꿈의 목적을 잃지 않는 것이 중요하다. 미국의 철학자이자 심리학자인 월리엄 제임스는 '심리학에는 한 가지 법칙이 있다. 이루고 싶은 모습을 마음속에 그린 다음 충분한 시간 동안 그 그림이 사라지지 않게 간직하고 있으면, 반드시 그대로 실현된다'는 것이다. 어디에 살든, 어떤 사람이든 그건 중요하지 않다. 자신의 꿈을 더욱 명확하고 구체적으로 그리며 포기하지 않는 근성이라면 무조건 가능한 이야기이다.

그렇다면 꿈을 명확하고 구체적인 꿈을 그리려면 어떻게
해야 할까?

꿈을 정확히 찾아라

명확한 꿈이 떠오르지 않는다면 먼저 세 가지를 생각하면
된다. 첫째는 자신이 좋아하는 일, 둘째는 잘할 수 있는 일,
셋째는 잘하는 일이다. 어릴 때 하던 행동이라도 자신이 관
심 있었던 것이라면 한번 곰곰이 생각해야 한다. 만약 자신
이 원하는 일이 이 세 가지 조건을 충족한다면 그 일을 자신
의 천직이라고 생각해도 좋다.

글로 적어라

'꿈'을 가지고 있다면 그 꿈을 표현할 수 있어야 한다. 자
신이 절실하고 간절하다면 분명 꿈의 목표는 명확해야 한다.
예를 들면 '회사원이 되고 싶어요'가 아닌 'XX 회사의 XX 분
야에서 일을 하고 싶습니다'라는 구체적인 목표를 글로 적어
야 한다. 그렇게 하면 한 번 더 상기할 수 있으며 더 나아가
구체적인 방향을 깨달을 수 있다.

끈기와 인내심은 꿈을 실현시킬 가장 중요한 덕목이다. 아무리 꿈이 명확하더라도 직접 노력하지 않고, 중간에 포기해버린다면 아무 소용없다. 한번 시작한 일은 기필코 마침표를 찍는다는 마음으로 절대 포기하지 않는 끈기가 동반되어야 한다.

20대, 30대가 되어서도 자신의 구체적인 목표가 없는 사람은 굉장히 많다. 하지만 어릴수록 즉 10대일수록 자신의 꿈을 명확히 하면 어른보다 너 빨리 자신이 원하는 삶을 살 수 있다. 이제부터는 끈기를 가지고 명확한 목표를 향해 과감히 달려나가라.

04 자기암시의 힘은
의외로 강하다

자기암시란 국어사전에는 '일정한 관념을 반복함으로써 자기 자신에게 암시를 주는 것으로, 심리적 문제나 신체적 문제를 개선하는 데에 쓴다'라고 명시되어 있다.

똑같은 일에도 된다고 생각하는 사람과 되지 않는다고 생각하는 사람은 확연한 차이를 보인다. '나는 충분히 할 수 있어'라고 말하면서 자신을 응원하지 않고 '이건 할 수 없는 거야'라고 단정지어버리는 사람은 거기까지가 한계인 것이다.

우리의 뇌구조는 현실과 이상을 구분하지 못한다. 뇌는 자신이 암시한 모든 것에 대해 받아들인다. 부정적인 생각을 계속 하게 된다면 자연스럽게 계속 부정적인 생각을 하게 될 뿐이다. 그렇기 때문에 긍정적인 생각을 하면 할수록 계속 긍정적인 효과를 받는다는 것은 어찌 보면 당연한 이야기이다.

자기암시도 마찬가지로 반복적으로 자신이 원하는 것을 생각하다 보면 어느새 그것이 사실화되는 것이다. 비행기에는 자동항법장치가 있다. 그래서 목적지를 정확히 입력하면 자동으로 목적지에 도달하게 된다. 우리 뇌도 마찬가지로 자기암시에는 비행기의 자동항법장치의 원리로 자신의 원하는 목적, 목표를 가까이 가게 해주며 그 꿈의 목표에 따라 행동도 변하게 한다.

사실 자기암시의 효과는 상상력이 가장 큰 비중을 차지한다. 사람은 태어나면서 성인이 될 때까지 약 20년 동안 한 가정에서 14만 번 이상의 부정적인 메시지를 듣는다고 한다. '하지마', '조용히 해', '혼난다'라는 말을 자주 접하게 되고 결국 그 부정적인 말들이 자연스럽게 우리 머릿속에 각인되어 지배를 당하게 된다. 그리곤 결국 부모님이 시키는 대로 즉, 복종적이고 평범한 인생을 추구하며 변화를 두려워하게 된다.

자기암시 효과를 가장 많이 접목시키는 것은 바로 '스포츠' 분야이다. 역도, 축구, 달리기, 유도 등 운동을 하게 되면 체력적으로 한계가 오기 마련이다. 하지만 자기암시를 하면서 씨름에서 승리하는 상상, 축구 경기를 하는 중 골을 넣은 상상을 하여 골 세리머니를 하는 상상들을 하게 된다면 그 효과는 배가 된다고 한다. 축구선수 데이비드 베컴 또한 수많은 프리킥 연습과 함께 머릿속으로 그림 같은 골을 상상함으로써 성공률을 높였다고 한다.

미국의 대통령으로 당선된 프랭클린 루스벨트는 장애를 극복하고, 반복적인 자기암시로 국민의 기억에 남는 지도자가 되었다. 특히, 그는 자기암시의 유용함을 주변에 널리 전파했는데 원하는 바를 꾸준히 말하고 다짐함으로써 믿음을 만들고 확신을 키운 대표적인 성공 사례로 여겨진다. 그는 결국 미국의 경제 대공황을 극복한 정치가, 존경받는 대통령으로 역사에 남았다.

그는 자신의 장애는 결코 자신의 꿈을 방해하지 못한다는 것을 알고 있었고 자기암시의 중요성을 가장 많이 강조했다.

자기암시 효과를 역으로 이용하여 잘못된 길로 빠지게 만드는 경우도 있다. 하지만 이러한 효과를 보았을 때 긍정적인 효과를 잘 이용한다면 자기암시의 효과는 배가 될 것이다.

플라시보 효과라는 것이 있다. 이 '플라시보'는 심리학 용어로 가짜 약 효과이다. 실제로는 아무 효과도 없는 무성분의 알약이지만, 마치 효과가 있는 것처럼 생각하게 되는 효과이다. 한 실험에서 사이클 운동선수 10명에게 운동능력이 상승되는 신약이 개발되었다고 하고 첫 번째 주행을 하게 한 후 두 번째 주행 때 신약을 먹여 테스트한 결과 운동선수 10명 모두 두 번째의 주행기록이 더 좋았다고 한다.

자기암시 효과 사례는 세계적으로 무궁무진하게 많다. 또한 그 만큼 효과가 있는 것이고 많은 사람들이 사용하는 방법이다. 자기암시를 하는 방법은 절대 어려운 것이 아니다. 뚜렷한 목표와 '나는 충분히 가능하다'라는 긍정적인 마음과 문구를 되도록 자신의 방에 많이 붙여 최대한 자신의 머릿속에 자연스럽게 인식하게 된다면 자기암시의 효과를 볼 것이다.

05

실패의 경험도
성공의 자산이다

스펙이란 '직장을 구하는 사람들 사이에서, 학력·학점·토익 점수 따위를 합한 것을 이르는 말'로 원래는 어떠한 제품의 사용설명서로 쓰이는 단어이지만, 이제는 사람들에게 '스펙'이라는 단어는 전혀 이상하지 않다.

'대기업 가기 위한 스펙' 등 자연스럽게 스펙 열풍이 불면서 기업에서 원하는 학점, 자격증, 토익점수 등을 맞춰야 한다. 물론 자신이 원하는 기업에 가고 싶다면 그에 따른 적정한 기준을 따라야 하는 것은 사실이다. 하지만 지금 대부분의 사람들이 그 적정한 기준을 맞추기 때문에 기업 인사팀들 또한 혼란스러워지기 시작했다.

모두 다 똑같은 학점과 같은 자격증, 토익, 공모전 수상, 해외봉사 등등 이러한 기준을 대부분을 갖추고 있어 어떤 사람이 일을 잘하는 사람인지를 구별할 수 없게 된 것이다.

　이럴 때일수록 가장 필요한 것은 바로 '경험'이다. '경험'은
오직 자신만 할 수 있고 돈으로도 살 수 없는 것이다. 스펙은
모두 다 끈기 있게 노력한다면 갖출 수 있다. 하지만 경험은
용기 있는 사람만이 할 수 있고 또한 그 경험에서 얻는 것은
개개인마다 느끼는 감정이 다르기 때문에 자신의 색을 찾을
수 있다.

　많은 청소년, 대학생들은 자신의 진로에 대해 고민을 많
이 한다. 30대, 40대가 되어서도 자신의 직장에 대해 의구심
을 가지는 사람도 상당히 많다. 하지만 어리면 어릴수록 가
장 큰 장점은 바로 많은 경험을 할 수 있다는 것이다. 만약
자신이 하고 싶어 하는 일을 방학기간에 한 달만이라도 잠시
해본다면 '이 일을 나의 직업으로 삼아도 되겠구나'라는 느낌
을 받는다. 그런 식으로 조금씩 자신의 진로를 찾아가며 많
은 경험을 할 수 있다.

　아무 경험도 하지 않은 사람은 책상에 앉아 공부만 하고
자신이 원하는 목표를 설정해 놓기 만 한다. 그리곤 그 직업
에 취직이 되면 자신이 생각한 것보다 많은 실망을 하면서
때늦은 후회를 하고 만다.

많은 경험을 해보면서 자신의 직업을 찾아갈 수 있을 뿐만 아니라, 더욱 폭넓은 생각을 가질 수 있고, 그 이야기들을 정리하여 자신의 스토리로 만들어 진정 자신이 원하는 회사에서 스토리텔링 방식으로 만들어 면접에도 엄청난 효과를 줄 수 있다.

　대학교를 다니던 한 남자 학생이 있다. 그 학생은 자신이 다니는 학과에 적성이 너무 맞지 않아 많은 고민을 했다. 그러던 어느 날 그는 자신이 정말 해보고 싶었던 세계여행의 꿈을 실현 하고 싶었다. 그는 주변사람들의 걱정에도 1년 휴학을 했고, 남들은 전부 자신의 스펙 쌓기에 시간을 투자하고 있을 때 1년 동안 세계여행을 하며 많은 것을 보고, 배우고 경험하기 위해 떠났다.

　1년이 지난 뒤 그는 다시 학교에 복학했고 남들에 비해 스펙은 낮지만 행복하게 학교를 다니고 있었다. 그 남자는 졸업을 하게 되었고 남들처럼 취업준비에 바쁜 하루하루를 보내고 있었다. 그때 한 회사에서 면접을 보러 오라고 그에게 전화가 왔다. 그는 며칠 뒤 면접을 보러 갔다. 그는 자기소개서에서 '1년 동안 세계여행을 다녀왔습니다'라고 쓰고 부가적인 설명을 적었다. 그 후 그는 놀랍게도 '합격'을 통보 받고 회사에 출근하게 되었다. 남들보다 좋지 않은 스펙인데 어떻게 가능했을까? 그 이유는 그 면접관 중에서 자신의 꿈 또한 세계일주인데 '어떻게 과감한 행동과 생각을 할 수 있지?'라는 생각을 하게 되었고, 그의 용기는 돈으로 살 수 없는 것이라고 생각해 그를 합격시키게 된 것이다.

물론 누군가가 보기에는 '운이 좋아서 그런 것 같다'라는 생각을 할 수도 있을 것이다. 하지만 그는 세계일주를 하는 동안 헛된 시간을 보내지 않았고, 힘든 과정도 많았지만 결국 이겨 내어 좋은 결실을 맺었다. 노력의 끝에 운이 저절로 따라온다는 말도 있다. 그는 진정 남들이 하기 힘든 용기 있는 행동을 한 것이다.

영국에서 태어난 셰익스피어는 세계 최고의 극작가로 유명하다. 그가 극작가가 되기 전의 직업은 어떤 것이었는지 정확히는 알 수 없지만 추측으로는 셰익스피어의 아버지가 도축업에 종사했기 때문에 셰익스피어 또한 젊은 시절 양털 빗는 일을 했다고 한다. 물론 한 편에서는 비교적 부유한 상인으로 지역 유지라는 설도 있다.

셰익스피어의 직업에 대해 다양한 설이 존재하지만 그는 결코 순탄치 많은 않은 생을 살았던 것만은 짐작할 수 있다.

그는 다양한 경험을 했기에 작품 안에서 다양한 인생, 다양한 분야의 용어들을 자유자재로 구사할 수 있었다.

이탈리아 최고의 시인 단테는 "얻어먹는 빵이 얼마나 딱딱하고 남의집살이가 얼마나 고된 것인가를 스스로 경험해 보라. 추위에서 떨어본 사람이 태양의 소중함을 알듯이, 인생의 힘겨움을 통과한 사람만이 삶의 존귀함을 안다. 인간은 모두 경험을 통해서 조금씩 성장해 간다"라는 말을 남겼다.

학생이라고 해서 경험을 못한다는 것은 절대 변명일 뿐이다. 물론 나이 기준에 적합하지 않아서 못해본 것도 있겠지만, 생각하기에 따라 마음가짐은 달라진다. 예를 들면 우리나라 산 정상 50군데 찍고 오기 등 이러한 경험은 언제든지 할 수 있다.

경험은 가장 가치 있는 것이며, 버릴 것이 없고 어떤 것이든 깨닫게 해준다. 이제는 과감히 자신만의 스토리를 만들어 더욱 넓은 사고를 가져 자신이 진정 원하는 삶을 살기를 바라본다.

06 최고의 습관은
나를 칭찬하는 습관이다

현대 사람들은 점점 자신을 남들과 비교하고 부정적으로 생각한다. 어떤 일을 했을 때 기대에 못 미치게 되면 '나는 왜 이렇게 머리가 안 좋지?'라는 말이 자연스럽게 나오게 되고 나를 칭찬해주기보다는 더욱 거세게 몰아쳐 부정적인 '나'가 되고 만다. 또한 '나는 못생겼어', '나는 키가 작아' 등 스스로를 비하하며 칭찬보다는 오히려 더욱 깎아내리는 데 더 많은 힘을 소비한다.

우리나라 사람들은 다른 나라 사람들에 비해 칭찬에 상당히 인색하다. 스스로에게 혹은 상대방에게 칭찬은 입에서 좀처럼 나오지 않는다. 막상 말을 하고 나면 나도 모르게 기분이 좋아지는 것을 느낄 수 있으나 좀처럼 실천하기는 어렵다. 특히 친한 친구나 가족처럼 가까우면 가까울수록 칭찬에 대해 인색해진다.

칭찬의 효과는 대단한 힘을 가지고 있다. 삼중고의 장애를 겪던 헬렌 켈러는 보통 사람들의 인식에는 '불행한 사람', '안타까운 사람' 등 부정적으로 보였지만 그녀를 위인으로 만들어준 첫 번째 열쇠는 바로 칭찬이었다.

데일 카네기는 "우리는 누구나 잘못을 저지르기 쉽다. 아홉 가지의 잘못을 찾아 꾸짖는 것보다는 단 한 가지의 잘한 일을 발견해 칭찬해주는 것이 그 사람을 올바르게 인도하는 데 큰 힘이 될 수 있다"라고 칭찬의 중요성을 강조했다.

성공하는 사람의 공통점 중 하나는 자신을 끊임없이 칭찬할 줄 안다는 것이다. 공부를 하고 난 뒤의 휴식, 설정한 목표에 도달했을 때의 짜릿한 기분 등 칭찬은 어려운 것이 아니라 이러한 것들도 전부 칭찬의 요소가 된다. 자신을 칭찬하지 않으면 절대 자신을 더욱 강화할 수 없다. 자기 자신을 칭찬할 줄 아는 사람만이 자신감을 가지고 스스로 판단할 수 있다.

미국의 42, 43대 대통령 클린턴은 어머니의 칭찬 한마디로 그의 인생이 바뀌었다. 클린턴은 외조부모의 손에서 다섯 살까지 길러졌고, 그의 어머니는 클린턴이 세 살 때 글을 가르치기 시작했고 간호사일도 했다. 그 후 그의 어머니는 자동차 판매상과 재혼을 해 새로운 가정을 꾸렸다. 하지만 클린턴에게는 불행의 시작이었다. 새아버지는 술만 마시면 가족에게 폭력을 휘둘러 클린턴은 극도의 스트레스를 받았다. 그때 받은 정신적 상처로 인해 가족 중 한명인 동생은 마약 중독자가 되고 말았다. 하지만 클린턴은 자신의 눈앞에 펼쳐진 상황을 부정적으로 보지 않고 긍정적으로 보면서 자신의 마음을 다잡았다. 클린턴이 힘들 때마다 그의 어머니와 외조부는 클린턴에게 '넌 뭐든지 할 수 있다', '넌 세상에서 가장 소중한 아이야'라며 칭찬으로 용기를 북돋아 주었다. 클린턴은 이 말들을 회상하며 마음가짐을 바로하였고 결국 그는 자신의 목표를 이뤄냈다.

클린턴의 어머니와 외조부모는 그를 끝까지 믿었고 칭찬과 용기를 주는 말을 끊임없이 했다. 칭찬의 효과는 상대방의 기분을 좋게 할 뿐만 아니라, 직장에서도 사소한 칭찬은 일을 더욱 효율적이고 힘나게 만드는 요인이다.

"그렇다면 자신을 칭찬하는 방법은 어떤 것들이 있을까?"

198

우선 자신의 장점을 찾아야 한다. 하지만 분명 '나는 장점이 없는데…'라고 대답할 것이다. 하지만 절대 걱정하지 마라. 사람에게는 무조건 한 가지의 재능이 있다. 다만 자신이 발견하지 못한 것뿐이다. 사소한 것이라도 자신의 장점을 찾아야 한다. 예를 들면 '다른 사람의 말을 잘 들어 준다', '남을 재밌게 해준다' 혹은 '훌륭한 부모님이 있어'라는 것들을 한번 종이에 적어보면 장점이 많은 사람인 것을 알 수 있다. 그리곤 하나씩 보며 자신을 칭찬하는 법을 기르고 감사하는 마음도 같이 생각하면 그 효과는 대단할 것이다.

칭찬은 나이를 상관하지 않고 누구나 원하는 것이다. 마치 광활한 사막에서 오아시스를 원하는 것처럼 사람들은 칭찬에 목말라 있다. 상대방에게 칭찬하기란 머쓱한 일이지만 우선 '나'부터 칭찬을 하기 시작하면 자연스럽게 상대방에게도 그 칭찬이 이어질 것이다. 이제는 장점을 보면서 '나' 혹은 상대방에게 아낌없이 칭찬해보자.

지금부터 시작이다

시작도 하기 전에 벌써 늦었다고 하는 사람은 결코 성공하기 힘든 사람이다. 대부분의 사람은 '다 때가 있는 법인데 늦었어'라는 말을 입에 달고 산다. 늦었다는 기준도, 빠르다는 기준도 스스로 만드는 것인데 단지 주변사람들의 말을 들으면서 자신 또한 그렇게 변해가기 마련이다.

늦어도 시작할 수 있다는 자신감을 주는 대표적인 사람이 있다. 그는 바로 코넬리어스 밴더빌트이다. 그는 미국 역사상 가장 부유한 사람 중 한 명으로 꼽히기도 한다. 그는 열한 살 때 학교를 중퇴한 후 해안가에서 일했다. 1810년 열여섯 살 때는 부모님에게 돈을 빌려 처음으로 자신의 배를 구입해 스태튼 섬과 뉴욕 시를 오가는 승객들을 실어 나르기 시작했다.

1818년 밴더빌트는 배를 모두 팔고 증기선회사에 취직했다. 그때부터 1829년까지 약 10년 동안 증기선 사업에 대해 배웠고, 열심히 모은 돈으로 증기선 회사를 설립했다. 그 후 그는 10년 동안 운임을 인하하고 여태껏 볼 수 없었던 깔끔하고 쾌적한 분위기를 제공하여 허드슨 강의 운송을 장악하기 시작 했다. 밴더빌트의 사업은 승승장구했고 심지어 다른 경쟁자들로부터 거액을 받고 북동부 해안으로 옮겨달라는 요청을 받아 북동부 해안으로 사업의 무대를 넓히기 시작했다. 강에서 바다로 사업의 무대를 넓히기 시작한 것이다. 밴더빌트는 롱아일랜드 주에서 매사추세츠 주 프로비던스와 보스턴에 이르는 해상수송을 전부 장악했고 1846년에는 백만장자가 되었다. 또한 화물을 실어 나르는 운송회사를 세웠으며, 1849년에는 골드러시로 인해 서해안 통행량이 갑자기 크게 늘어나면서 더욱 더 큰 성공을 거두었다.

그러던 중 밴더빌트는 자신의 성공으로 인해 파산지경에 이르게 된 경쟁자들로부터 매달 4만 달러씩 받는 조건에 합의하고 손을 떼기 시작했다. 1850년에는 철도사업에 관심을 갖기 시작했다. 뉴욕 할렘 철도회사의 주식을 매점해 1863년에는 이 회사를 소유하게 되었고 그 뒤에는 허드슨이버 철도회사와 뉴욕센트럴 철도회사를 인수해 1869년 두 회사를 합병하기 시작해 1873년에는 레이크 쇼어 미시간서든 철도 회사를 추가로 소유하게 되었을 때 그는 뉴욕과 시카고를 잇는 최초의 철도 노선을 개통할 수 있었다. 그는 70세쯤 되어서 철도왕이 되었고 85세 때는 당대에 가장 활동적인 철도왕이 되었다.

밴더빌트가 만약 자신이 늦었다고 혹은 지금 시작하는 것은 무리라고 생각했다면 지금의 밴더빌트는 존재하지 않았을 것이다. 그는 자신에게 용기를 주면서 나이는 숫자에 불과하다는 생각으로 철도 왕이 되었던 것이다.

시작하는 것은 자신의 마음먹기에 달려 있다. 늦었다고 생각하면 늦은 것이고 시작할 수 있다고 생각하면 충분히 가능하다. 인간은 주변 환경에 많은 영향을 받는다. 특히 말에 대해서 많은 영향을 받아 할 수 없다고 단정을 지어버리면 정말할 수 없게 된다. 하지만 이러한 고정관념을 깨는 사람이야말로 용기 있는 사람이며, 시간을 스스로 관리할 수 있다.

프랑스 화학자이면서 화학보다는 미생물학의 업적으로 더 유명한 사람이 있다. 그는 바로 루이 파스퇴르이다. 그는 처음에는 화학자였으나 여러 가지 세균에 관한 연구와 발견들로 인해 그의 명성이 높아졌다. 그는 와인이나 맥주의 제조에 중요한 '발효와 음식물 부패'에 대한 연구로 큰 성과를 거두었다. 그가 고안한 우유의 저온살균법은 그의 이름 그대로 파스퇴르법이라고 불리며 현재까지도 사용되고 있다.

또한 그는 상처의 감염과 전염병 등이 모두 세균의 작용임을 최초로 입증했는데, 그것은 외과수술에 혁명을 몰고 왔을 뿐만 아니라 프랑스의 양잠업(누에를 치는 사업)을 구했고, 그가 개발한 광견병 백신은 수많은 사람들의 생명을 구했다. 세균의 전염에 관한 파스퇴르의 연구 결과는 독일의 과학자 로버트 코치에게 이어졌고 1882년 코치는 결핵의 원인이 되는 세균 발견 보고서를 발표함으로써 질병의 전염성을 증명했다. 이때 한 세균과 특별한 질병과의 연계에는 중요하고 정확한 가정이 발견되었는데 지금까지도 의학계에서 유용하게 사용하고 있다. 파스퇴르는 이러한 업적을 60세 때 이루었다.

'늦었다고 생각할 때가 가장 빠른 것이다'라는 말이 있다. 박명수가 이 말을 자신의 방식으로 해석해 '늦었다고 할 때가 정말 늦은 것'이라고 말한 적이 있는데 이는 옳고 그름을 떠나 자신의 마음가짐이 어땠느냐에 따라 달라진다.

진정한 늦은 사람은 아무런 시도도 하지 않고 미래도 생각하지 않는 사람이다. 이제부터 자신의 꿈은 시작이다. 결코 늦지도 않았고 빠르지도 않다. 가장 적당한 시간을 보내고 있다. 10대 때는 절대 늦지 않는다. 수많은 길이 열려 있다. 다만 자신이 찾지 못하는 것뿐. 설령 대학교에 들어간 뒤에도 늦은 것은 아니다. 많은 것을 경험하고 과감하게 자신이 원하는 것을 할 수 있는 시기는 바로 '학생'이라는 신분을 가지고 있는 시기이다.

누군가에겐 불행일 수 있는 '학생'이라는 신분을 지금부터 새롭게 시작하고, 또한 앞으로 더 많은 경험을 할 수 있는 '학생'의 신분으로 바꿔보자.

10대들이여! 지금부터 시작하라.